智培阅读写作书系

诗吟
绿色生活

黄家喜 / 主编

江苏凤凰美术出版社
全国百佳图书出版单位

图书在版编目（CIP）数据

诗吟绿色生活 / 黄家喜主编. — 南京：江苏凤凰美术出版社，2020.7
ISBN 978-7-5580-7661-9

Ⅰ.①诗… Ⅱ.①黄… Ⅲ.①古典诗歌—中国—小学—教学参考资料 Ⅳ.①G624.203

中国版本图书馆CIP数据核字（2020）第121889号

责任编辑　郝　旭
封面设计　姜　龙
责任印制　唐　虎

书　　名	诗吟绿色生活
著　　者	黄家喜
出版发行	江苏凤凰美术出版社（南京市中央路165号 邮编：210009）
	北京凤凰千高原文化传播有限公司
出版社网址	http://www.jsmscbs.com.cn
印　　刷	北京厚诚则铭印刷科技有限公司
开　　本	710mm×1000mm 1/16
印　　张	9
版　　次	2022年6月第1版　2022年6月第1次印刷
标准书号	ISBN 978-7-5580-7661-9
定　　价	45.00元

营销部电话　010-64215835-801
江苏凤凰美术出版社图书凡印装错误可向承印厂调换　电话：010-64215835-801

编 委 会

主　　编：黄家喜
副 主 编：何兰华　何玉美
执 行 主 编：陈小燕
执行副主编：匡传荣　陈　蓉　李　敏　张　涛　夏培武　肖　莉
编 写 人 员：胡忠敏　王玉玲　陈　明　褚　璇　李　蕾　曹玉甜
　　　　　　易欢欢　杨　梅　章　杰　宋　婧　曹　珊　尤梦丽
　　　　　　马良锋　胡梦琦　刘　蓉　汪娟娟　周　芳　杨大芹
　　　　　　曾　莉　程　明　韩　杰　刘　云　向雪梅　徐国忠
　　　　　　陈　磊　刘仁坤　蔡　红　曹　艳　张书仪　廖　松
　　　　　　谢心诚　向西安　袁　莉　刘玉蓉

序言

倾听，绿色生活的脚步

绿水青山，是大自然馈赠给人类最美丽、最富有生机的礼物。

绿色生活，是人类回馈给大自然最和谐、最美好的生活方式。

从古至今，中华民族从未停歇践行绿色生活的脚步。

当和谐共生的绿水青山与绿色生活，遇到了诗人们的一双双慧眼，它们便有了生命，有了悲喜境界。它们历经岁月的洗礼，在诗词长河中立意恒久、熠熠生辉。

"水是眼波横，山是眉峰聚。"在宋代诗人王观的眼里，原本无情的绿水青山一跃成为有情的盈盈眉眼，人与山水自然合二为一。

"我见青山多妩媚，料青山见我应如是。"山水为邻，花鸟相伴，自有诗意闲情在心间。回眸中国几千年的传统文化历史画卷，既有"采菊东篱下，悠然见南山"的惬意，亦含"行至水穷处，坐看云起时"的闲适。我们看到，诗人与自然合一的心境，与山水园林为友的志趣，成就了他们的艺术人生。而在这艺术人生中，我们读到了纯粹的自然，读到了一部"绿色生活方式大全"。

带着文化自信，宜都市陆城第一小学师生用绿色发展新理念，寻根传统诗词文化里的绿色生活方式，于是有了《诗吟绿色生活》一书。这本书是宜都市陆城第一小学"生态童年"之"绿色生活"系列校本教材的第二部，也是继《图说绿色生活》校本教材之后又一部师生自己编写的校本教材。教材紧贴绿色生活主题，在低、中、高不同学段中设置合理的难易梯度，在诵读经典中传播中华民族传统文化的魅力，把绿色的种子播撒进孩子们的心田。

  这本教材的成书过程是陆城一小全体师生对绿色生活的文化寻根之旅。教材以诗词为媒介，意在吟诵诗词经典的同时，提升全体师生尊重自然、敬畏自然、保护自然，与自然和谐相处的绿色生活理念。

  在全国首部《绿色生活方式指南》在宜都发布之际，《诗吟绿色生活》的推出恰逢其时。我们在充分享受绿色发展所带来的便利和舒适的同时，更应该积极践行绿色生活方式，做生态环境的保护者、建设者。"今人不见古时月，今月曾经照古人"，我们虽无法窥得古时风光、古人风采，却能够在《诗吟绿色生活》中遥望灿烂星空，倡导人与自然和谐共存的绿色价值观念，让中华大地天更蓝、山更绿、水更清、环境更优美。让"绿水青山就是金山银山"的理念深入人心，形成深刻的人文情怀，让子孙后代共享生态和谐之美。

  翻开《诗吟绿色生活》，我们发现，孩子们吟诵的不仅仅是古今一脉相承的绿色生活方式，更是我们宜都生态小公民热爱自然、保护自然的初心与坚守。让我们从自己、从现在做起，和陆城一小的孩子们一起"把接力棒传递下去"，共同建设美丽家乡、美丽中国！

目 录

低年级诵读诗选

咏鹅	[唐]骆宾王 / 3
江南	汉乐府 / 4
画	[唐]王 维 / 5
古朗月行	[唐]李 白 / 7
风	[唐]李 峤 / 8
春晓	[唐]孟浩然 / 10
池上	[唐]白居易 / 11
小池	[宋]杨万里 / 12
梅花	[宋]王安石 / 13
小儿垂钓	[唐]胡令能 / 15
登鹳雀楼	[唐]王之涣 / 16
望庐山瀑布	[唐]李 白 / 17
江雪	[唐]柳宗元 / 18
夜宿山寺	[唐]李 白 / 20
敕勒歌	北朝民歌 / 21
村居	[清]高 鼎 / 22
咏柳	[唐]贺知章 / 24
赋得古原草送别	[唐]白居易 / 25
晓出净慈寺送林子方	[宋]杨万里 / 26
绝句	[唐]杜 甫 / 27

舟夜书所见	[清]查慎行	29
山村咏怀	[宋]邵 雍	30
观放白鹰	[唐]李 白	31
苔	[清]袁 枚	32
春雪	[唐]韩 愈	33
相思	[唐]王 维	34
遗爱寺	[唐]白居易	35
菊花	[唐]元 稹	36
城东早春	[唐]杨巨源	37

中年级诵读诗选

山行	[唐]杜 牧	41
夜书所见	[宋]叶绍翁	42
望天门山	[唐]李 白	43
饮湖上初晴后雨	[宋]苏 轼	44
望洞庭	[唐]刘禹锡	45
早发白帝城	[唐]李 白	47
采莲曲	[唐]王昌龄	48
绝句	[唐]杜 甫	49
惠崇春江晚景	[宋]苏 轼	50
三衢道中	[宋]曾 几	51
忆江南	[唐]白居易	53
钱塘湖春行	[唐]白居易	54
元日	[宋]王安石	55
滁州西涧	[唐]韦应物	57
大林寺桃花	[唐]白居易	58
鹿柴	[唐]王 维	59
暮江吟	[唐]白居易	60

宿新市徐公店	[宋]杨万里	61
清平乐·村居	[宋]辛弃疾	62
花影	[宋]苏 轼	64
竹枝词	[唐]刘禹锡	65
蜂	[唐]罗 隐	66
独坐敬亭山	[唐]李 白	67
山亭夏日	[唐]高 骈	68
纳凉	[宋]秦 观	69
望岳	[唐]杜 甫	70
清明	[唐]杜 牧	71
溪居即事	[唐]崔道融	73
观游鱼	[唐]白居易	74
桑茶坑道中	[宋]杨万里	75
游山西村	[宋]陆 游	76
黄鹤楼	[唐]崔 颢	78
春江花月夜	[唐]张若虚	79

高年级诵读诗选

蝉	[唐]虞世南	83
山居秋暝	[唐]王 维	84
渔歌子	[唐]张志和	85
鸟鸣涧	[唐]王 维	87
乡村四月	[宋]翁 卷	88
四时田园杂兴	[宋]范成大	89
稚子弄冰	[宋]杨万里	91
村晚	[宋]雷 震	92
宿建德江	[唐]孟浩然	93
六月二十七日望湖楼醉书	[宋]苏 轼	94

西江月·夜行黄沙道中	[宋]辛弃疾 / 96
春日	[宋]朱 熹 / 97
浪淘沙	[唐]刘禹锡 / 98
书湖阴先生壁	[宋]王安石 / 100
春夜喜雨	[唐]杜 甫 / 101
江畔独步寻花	[唐]杜 甫 / 102
早春呈水部张十八员外	[唐]韩 愈 / 103
游园不值	[宋]叶绍翁 / 104
清平乐	[宋]黄庭坚 / 105
舟过安仁	[宋]杨万里 / 107
天净沙 秋	[元]白 朴 / 108
绝句	[宋]僧志南 / 109
题都城南庄	[唐]崔 护 / 111
浣溪沙	[宋]晏 殊 / 112
如梦令	[宋]李清照 / 113
月夜	[唐]刘方平 / 115
题西林壁	[宋]苏 轼 / 116
赠刘景文	[宋]苏 轼 / 117
天竺寺八月十五日夜桂子	[唐]皮日休 / 118
牧童	[唐]吕 岩 / 119
观沧海	[汉]曹 操 / 120
丰乐亭游春	[宋]欧阳修 / 122
山雨	[宋]翁 卷 / 123
闲居初夏午睡起	[宋]杨万里 / 124
春游湖	[宋]徐 俯 / 125
早梅	[唐]齐 己 / 126
春兴	[唐]武元衡 / 128
社日	[唐]王 驾 / 129
雨晴	[唐]王 驾 / 131

低年级
诵读诗选

咏 鹅①

【唐】骆宾王

鹅，鹅，鹅，曲项②向天歌。
白毛浮绿水，红掌③拨④清波。

【作者简介】骆宾王（约640～684年），婺州义乌（今浙江义乌）人，唐代文学家。与王勃、杨炯、卢照邻一起被人们称为"初唐四杰"。

【注释】①咏鹅：用诗来赞美鹅。咏：（以某种事物为题）作诗。②曲项：弯着脖子。③掌：诗中指鹅的脚掌。④拨：划动、拨开。

【意译】鹅啊，鹅，弯曲着脖子朝天唱着歌。洁白的羽毛漂浮在碧绿的水面上，红红的脚掌拨动着清清的水波。

【赏析】这首千古流传的诗歌，是骆宾王七岁时写的一首咏物诗。小作者以清新欢快的语言，抓住鹅的突出特征来进行描写，写得自然、真切、传神。开头的"鹅，鹅，鹅"不只是模拟鹅的叫声，也可以理解为诗人看到鹅在水中嬉戏，十分欣喜，高兴地连呼三声，再写鹅在水中嬉戏时有声有色的情景。"曲项"的外形和"向天歌"的得意神态，"白毛""绿水""红掌""清波"相映，表达了诗人对鹅十分喜爱之情。

【拓展】 观察一种可爱的小动物，仿照《咏鹅》的写法写一首儿歌，写出对它喜爱的感情。

江 南①

汉乐府

江南可②采莲，莲叶何田田③。
鱼戏莲叶间。鱼戏莲叶东，
鱼戏莲叶西，鱼戏莲叶南，
鱼戏莲叶北。

【出处简介】 乐府本是汉武帝时设立的一个掌管音乐的官署（官员办公的地方），它除了将文人歌功颂德的诗配乐演唱外，还担负采集民歌的任务。这些乐章、歌辞后来统称为"乐府诗"或"乐府"。今存汉乐府中的民歌仅四十多首。

【注释】 ①江南：是一首汉乐府民歌。②可：在这里有"适宜""正好"的意思。③田田：荷叶茂盛的样子。

【意译】 江南又到了适宜采莲的季节了，莲叶浮出水面，挨挨挤挤，重重叠叠，迎风招展。欢快的鱼儿在莲叶间嬉戏玩耍。一会儿在东面嬉戏，一会儿在西面嬉戏，一会儿在南面嬉戏，一会儿在北面嬉戏。

【赏析】《江南》歌唱了江南劳动人民采莲时的愉快情景。开头两句是写采莲的人们望着水面上又大又圆的荷叶,心里无限喜悦,因而禁不住发出赞美。后几句描写鱼儿在莲叶中间嬉戏的场景。"戏"字写出了鱼在水中的欢乐神态,非常形象。也可以理解为采莲人划着小船在莲叶间穿行,互相追逐嬉戏,宛如鱼儿在水中游动一般。全诗没有一字一句地直接描写采莲人的愉快心情,而是通过对莲叶和鱼儿的描绘,将它们的欢乐之情充分流露了出来,仿佛亲耳听到、亲眼看见采莲男女们的歌声和笑语融成一片。清澈的池水映着碧绿的莲叶、晚开的莲花、姑娘们美丽的衣服和她们那花朵般的笑脸,空气中洋溢着莲蓬的清香。她们欢笑着、嬉戏着,一边采摘莲蓬,一边唱着采莲歌,最后采满船舱,满载而归,这是一幅多么动人的画面!

【拓展】观看《鱼戏莲叶间》舞蹈视频。然后讨论:如果你来编这个舞蹈,你会怎么设计呢?

画

【唐】王维

远看山有色①,近听水无②声。
春去花还在,人来鸟不惊③。

【作者简介】王维（701~761年，一说699~761年），字摩诘，河东蒲州（今山西运城）人，祖籍山西祁县。有"诗佛"之称，苏轼评价他"诗中有画，画中有诗"。今存诗400余首。王维多才多艺，诗书画都很有名，对音乐也很精通。与孟浩然合称"王孟"。

【注释】①色：颜色，也有景色的意思。②无：没有。③惊：惊动，害怕。

【意译】从远处看，山上的色彩明亮青翠，走近一听，却没有流水的声音。春天过去了，但花儿还是常开不败，人走近了，枝头上的鸟儿却一点也不害怕。

【赏析】这是一首画作欣赏诗。从诗中的描述来看，画中的山、水、花、鸟都是典型的中国画题材，而且肯定是一幅画得相当逼真、传神的作品。作者通过文字的描述，把一幅本是静止的画变成了一幅美丽的风景卷轴展现出来：苍翠的山，流动的水，绽放的花，欢鸣的鸟，一派鲜活的景象，把读者引入了无限的遐想之中。此诗把画景和实景进行对照描述，写出了画的形象生动，神韵逼真，表达了诗人对艺术和大自然的赞美之情。

【拓展】拿起手中的小画笔，也来画一幅美丽的山水画，然后举办一次小画展，试着给喜欢的画作写一首简单的小诗。

古朗月行[1]
【唐】李白

小时不识月，呼作[2]白玉盘[3]。
又疑[4]瑶台[5]镜，飞在青云端。
仙人垂两足[6]，桂树何团团[7]。
白兔捣药成，问言与谁餐[8]？

【作者简介】 李白（701~762年），字太白，号青莲居士，又号谪仙人。李白的诗风雄奇豪放，想象丰富，语言流转自然，音律和谐多变，被后人誉为"诗仙"，与杜甫并称"李杜"。现存诗文千余篇。

【注释】 ①朗月行：乐府古题。②呼作：称为。③白玉盘：白玉做成的盘子。④疑：怀疑。⑤瑶台：传说中神仙居住的地方，诗中指神仙。⑥仙人垂两足：意思是月亮里有仙人和桂树。当月亮初升的时候，先看见仙人的两只脚，当月亮渐渐变圆，就能看见仙人和桂树的全形。仙人：传说驾月的车夫，叫舒望，又名纤阿。⑦团团：圆圆的样子。⑧白兔捣药成，问言与谁餐：白兔老是忙着捣药，究竟是给谁吃呢？问言：问。

【意译】 小的时候不认识月亮，以为是白玉做的圆盘悬挂在夜

空。又怀疑是仙人的明镜飞到了高高的天上。在晚上观看月亮，可以先看到仙人的两足开始慢慢地出现，接着一棵圆圆的大桂树也出现了。传说月亮中有白兔捣仙药，请问它是捣给谁吃的？

【赏析】诗中前四句先写儿童时期对月亮童趣的认识，以"白玉盘""瑶台镜"做比喻，生动地表现出月亮的形状和月光的皎洁可爱，使人感到非常新颖有趣。然后，又写月亮悬挂在云端，古代神话说月亮中有仙人、桂树、白兔，诗人运用这一神话传说，写出了月亮初升时逐渐清晰明朗，宛若仙境般的景致。诗人运用浪漫主义的创作方法，通过丰富的想象、神话传说的运用，加以借景抒情，构成了一幅瑰丽神奇而含意深蕴的艺术画面，表达了诗人对美好生活的向往。

【拓展】中秋节的晚上和家人一起赏月，讲《嫦娥奔月》《吴刚伐桂》《玉兔捣药》等传说故事，或者观看人类探索太空、航天器和宇航员登上月球的视频。

风

【唐】李峤

解①落三秋②叶，能开二月③花。
过④江千尺浪，入竹万竿斜⑤。

8

【作者简介】李峤，唐代诗人，字巨山，赵州赞皇（今河北赞皇）人。他与苏味道、杜审言、崔融合称"文章四友"，晚年更被尊为"文章宿老"。有咏物诗120首，收入《李峤集》。

【注释】①解落：吹落、散落。②三秋：农历九月，指秋天。③二月：农历二月，指春天。④过：经过。⑤斜：倾斜。

【意译】风能吹落秋天金黄的树叶，能吹开早春二月美丽的鲜花。刮过江面能掀起千尺巨浪，吹进竹林能把万竿翠竹吹得歪歪斜斜。

【赏析】这是一首非常精巧的咏物诗。风本是看不见、摸不着的，只能经由生命个体用心去感受或通过外物的变化来知晓。诗中并没有出现"风"字，但每一句里我们都能见到风的身影。前两句写风的能耐：秋风能令万木凋零，春风却又能让百花绽放。后两句则就风所到之处，呈不同景象来描写：风过江上时，则水面波浪滔滔；入竹林时，只见竹竿一齐倾斜。秋风不急不慢，不狂不躁，让叶儿怡然清爽地离开了母体，找到了很好的归宿。在寒冬中沉睡的花儿，在风儿的轻轻抚摸下，睁开惺忪的睡眼，伸伸懒腰，又将迎来美好的春意。诗人把风的温存柔情表现得淋漓尽致，唤醒了人们对美好生命的感念。

【拓展】收集关于风的科普知识，和同学讲一讲风是怎样形成的。周末多和父母一起到户外去活动，感受一下不同季节的风吹在人身上感觉有什么不一样。

春 晓①

【唐】孟浩然

春眠②不觉晓③,处处闻④啼⑤鸟。
夜来⑥风雨声,花落知多少⑦。

【作者简介】 孟浩然(689~740年),字浩然,唐代第一个大量写山水田园诗的诗人。襄州襄阳(今湖北襄阳)人,世称"孟襄阳"。与另一位山水田园诗人王维合称为"王孟"。他著诗二百余首,多为五言律诗,有《孟浩然集》。

【注释】 ①春晓:春天的早晨。晓:天亮。②眠:睡觉。③不觉晓:不知不觉天就亮了。④闻:听。⑤啼:叫。⑥夜来:昨夜。⑦知多少:不知有多少。

【意译】 春天的早晨一觉醒来,不知不觉天已经亮了。窗外到处可以听到悦耳动听的鸟鸣声。昨夜的风声和雨声仿佛又在耳畔响起,经历了昨夜的风雨,那些春天里的花儿也不知道吹落了多少啊!

【赏析】 这首诗是诗人隐居在鹿门山时所作,意境十分优美。春天在诗人的笔下是活灵活现、生机勃勃的。诗人抓住春天的早晨刚刚醒来时的一瞬间,从听觉的角度描绘了春晨雨后的景色:诗人因春宵梦酣,天已大亮了还不知道,一觉醒来,听到的是屋外处处鸟儿的欢鸣。正是这可爱的春晓景象,使诗人很自然地想到昨夜在

朦胧中曾听到一阵风雨声，现在庭院里盛开的花儿到底被摇落了多少呢？这首诗看似平淡无奇，却韵味无穷，诗人捕捉到了典型的春天气息，表达了自己喜爱春天和怜惜春光的情感。

【拓展】春天来了，和父母、老师、同学一起到公园、郊外去春游踏青吧！欣赏春天的美景，画一幅美丽的《春景图》，或者写一篇春游日记，记录你的感受和收获。

池上

【唐】白居易

小娃撑①小艇②，偷采白莲回。
不解③藏踪迹，浮萍④一道⑤开⑥。

【作者简介】白居易（772～846年），字乐天，自号香山居士，又号醉吟先生。唐代杰出的现实主义诗人，与李白、杜甫并列为唐代三大诗人，有"诗魔"和"诗王"之称。与元稹共同倡导新乐府运动，世称"元白"，与刘禹锡并称"刘白"。

【注释】①撑：撑船，用篙使船前进。②艇：轻便的小船。③解：懂得。不解：不知道，不懂得。④浮萍：水生植物，椭圆形叶子浮在水面，下面有须根，夏季开白花。⑤一道：一路。⑥开：分开。

【意译】天真活泼的农村孩童，他们撑着一只小船，偷偷地去

采人家的白莲花。回来的时候，他们不懂怎样掩盖留下的踪迹，小船把水面的浮萍荡开，船后留下了一道道清清楚楚的水路。

【赏析】这首诗好比一组镜头，拍摄下一个小孩儿偷采白莲的情景。从小主人公撑船进入画面，到他离去只留下被划开的一片浮萍，有景有色，有行动描写，有心理刻画，细致逼真，富有情趣；而这个小主人公的天真幼稚、活泼淘气的可爱形象，也就栩栩如生、跃然纸上了。诗人以他特有的通俗风格将诗中的小娃娃描写得非常可爱、可亲，整首诗语言通俗易懂、富有韵味。

【拓展】多么可爱的小娃娃！你也许有过类似的经历，快和小伙伴分享一下你的童年趣事吧！例如，画一幅《采橘图》，讲一个捉螃蟹的故事……

小池

【宋】杨万里

泉眼①无声惜②细流，树阴照水爱晴③柔。
小荷④才露尖尖角，早有蜻蜓立上头。

【作者简介】杨万里，字廷秀，号诚斋，吉州吉水（今江西吉水县）人。南宋著名文学家，杰出的爱国诗人。与陆游、范成大、尤袤（mào）并称"南宋四家""中兴四大诗人"。被誉为"一代诗宗"，一生作诗两万余首，传世作品有四千二百首。

【注释】①泉眼：泉水的出口。②惜：爱惜。③晴柔：晴天里柔和的风光。④小荷：指刚刚长出水面的嫩荷叶。

【意译】泉眼爱惜细细的流水，不想让它很快地流走。映在水上的树荫喜欢这晴天里柔和的风光。鲜嫩的荷叶那尖尖的角刚露出水面，就已经有蜻蜓落在上头。

【赏析】这首诗小巧、精致，宛如一幅花草虫鸟彩墨画。画面之中，池、泉、流、荷和蜻蜓，落笔都小，却玲珑剔透，生机盎然。诗人触物起兴，用敏捷灵巧的手法，描绘充满情趣的特定场景，把大自然中的极平常的细小事物写得相亲相依，和谐一体，活泼自然，流转圆活，风趣诙谐，通俗明快。此诗写得犹如一幅画。画面层次丰富：太阳、树木、小荷、小池，色彩艳丽，还有明亮的阳光、深绿的树荫、翠绿的小荷、鲜活的蜻蜓，清亮的泉水。画面充满动感：飞舞的蜻蜓、影绰的池水，充满了诗情画意。

【拓展】走出家门，奔向田野，拥抱美丽的大自然，描绘家乡的美好风光，并办一期"谁不说俺家乡美"的画展。

梅 花

【宋】王安石

墙角①数枝②梅，凌③寒独自④开。

遥知⑤不是雪，为⑥有暗香⑦来。

【作者简介】王安石（1021～1086年），字介甫，晚号半山，抚州临川（今江西临川）人。北宋政治家、文学家、思想家、改革家，是唐宋八大家之一。欧阳修称赞王安石："翰林风月三千首，吏部文章二百年。老去自怜心尚在，后来谁与子争先。"

【注释】①角：角落。②数枝：几枝。③凌：侵犯，冒犯。引申为"冒着"或"迎着"的意思。④独自：独，单独。指孤零零的意思。⑤遥知：远远地一看就知道。⑥为（wèi）：因为。⑦暗香：幽雅的香气。

【意译】庭院的墙角有几枝梅花，冒着严寒独自开放。远远地望去就知道那枝头绽开的是梅花而不是雪，因为有清幽的香气飘逸过来。

【赏析】作者笔下的梅花，洁白如雪，长在墙角但毫不自卑，远远地散发着清香。诗人通过对梅花不畏严寒的高洁品性的赞赏，用雪喻梅的冰清玉洁，又用"暗香"点出梅胜于雪，说明坚强高洁的人格所具有的伟大的魅力。作者在北宋极端复杂和艰难的局势下，积极改革，而得不到支持，其孤独心态和艰难处境，与梅花自然有共通的地方。

【拓展】你最喜欢什么花？为什么呢？收集几种你喜欢的花儿的相关资料，在班上办一个"百花争艳"图片展，举办一次"花海迷人眼"故事会。

小儿垂钓

【唐】胡令能

蓬头稚子①学垂纶②,侧坐莓苔草映身。
路人借问③遥④招手,怕得鱼惊不应⑤人。

【作者简介】胡令能(785~826年),唐朝诗人,隐居圃田(河南中牟县)。家贫,年轻时以修补锅碗瓢盆为生,人称"胡钉铰(jiǎo)"。他的诗语言浅显而构思精巧,生活情趣很浓,现仅存四首。

【注释】①稚子:年龄小的孩子。②垂纶:钓鱼。纶:钓鱼用的丝线。③借问:向人打听。④遥:远远地。⑤应:理睬。

【意译】一个蓬头小孩学着大人钓鱼。他侧身坐在乱草青苔上,身影掩映在野草丛中。听到有过路的人问路,他连忙远远地招了招手,生怕惊动了鱼不敢答话。

【赏析】这首七绝描写的小儿垂钓别有情趣。诗中没有绚丽的色彩,没有刻意的雕饰,就似一枝清丽的出水芙蓉,在平淡浅易的叙述中透露出几分纯真、无限童趣和一些专注。诗人通过描写典型细节,极其传神地再现了儿童那种认真、天真的童心和童趣。前两句叙述,从外形着笔,是实写;后两句诗侧重神态来写。全诗从形神两方面栩栩如生地刻画了垂钓小儿的形象,言辞流畅,清新活

泼，寥寥数语便绘出一幅童趣盎然的图画，颇具生活情趣。

【拓展】假日里跟着爸爸妈妈去学学钓鱼，感受一下"小儿垂钓"的情趣。或是参观养鱼场，逛逛海洋动物馆，然后和小伙伴分享一下你的收获。

登 鹳 雀 楼①

【唐】王之涣

白日②依③山尽④，黄河入海流。
欲穷⑤千里目⑥，更⑦上一层楼。

【作者简介】王之涣（688～742年），字季凌。盛唐时期著名诗人，性格豪放不羁，常击剑悲歌。其诗多被当时乐工制曲歌唱，常与高适、王昌龄等相唱和。他尤善五言诗，以描写边塞风光为胜，是浪漫主义诗人。

【注释】①鹳雀楼：旧址在山西永济市，楼高三层，前对中条山，下临黄河。传说常有鹳雀在此停留，故有此名。②白日：太阳。③依：依傍。④尽：消失。⑤穷：尽，使达到极点。⑥千里目：眼界宽阔。⑦更：替、换。

【意译】夕阳依傍着西山慢慢地沉没，滔滔黄河朝着东海汹涌奔流。若想把千里的风光景物看得更清、更远，那就要登上更高的一层城楼。

16

【赏析】全诗四句二十个字，无一字生僻，无一句难懂，但给读者展现出一幅一泻千里、气势磅礴的画面，这不能不说是才子佳作。王之涣一首《登鹳雀楼》，也成就了千古名楼鹳雀楼。诗中以概括之笔书写大自然的雄景奇姿，道出对生活的深刻理解，表达了积极向上的盛唐情怀，为唐诗中不朽之作。"千里""一层"，都是虚数，是诗人想象中纵横两方面的空间。"欲穷""更上"词语中包含了多少希望，多少憧憬。这两句诗既别翻新意，出人意表，又与前两句写景诗承接得十分自然、十分紧密，从而把诗篇引入更高的境界，向读者展示了更大的视野。也正因为如此，这两句包含朴素哲理的诗句，成为了千古传诵的名句，也使得这首诗成为一首千古绝唱。

【拓展】周末和家人登山，感受一下登高望远的乐趣。

望庐山瀑布

【唐】李白

日照香炉①生紫烟②，遥看③瀑布挂前川④。
飞流直下三千尺⑤，疑⑥是银河⑦落九天⑧。

【作者简介】见本书《古朗月行》。

【注释】①香炉：指庐山的香炉峰。②紫烟：指日光照射的云雾水气呈现出紫色。③遥看：从远处看。④川：河流，这里指瀑

布。⑤三千尺：形容山高。这里是夸张的说法，不是实指。⑥疑：怀疑。⑦银河：古人指银河系构成的带状星群。⑧九天：九重天，形容极高的天空。

【意译】香炉峰在阳光的照射下生起紫色的烟霞，远远望见瀑布好像是一匹白色的绢绸悬挂在山前。高崖上飞腾直落的瀑布仿佛有几千尺，简直令人怀疑是那天上的银河从九天垂落到山崖间。

【赏析】庐山位于江西省九江市，耸峙于长江中下游平原与鄱阳湖畔，瀑布飞泻。庐山瀑布是由三叠泉瀑布、开先瀑布、石门涧瀑布、黄龙潭和秀峰瀑布、王家坡双瀑和玉帘泉瀑布等组成的庐山瀑布群，被誉为中国最秀丽的十大瀑布之一。《望庐山瀑布》是唐代大诗人李白隐居庐山时创作的一首七言绝句。这首诗形象地描绘了庐山瀑布雄奇壮丽的景色：巍巍香炉峰藏在云烟雾霭之中，遥望瀑布就如从云端飞流直下，临空而落。它宛如一幅生动的山水画，抒发了诗人对祖国大好河山的无限热爱。

【拓展】画出你想象中的壮丽雄伟的庐山瀑布，向同学们展示。

江 雪

【唐】柳宗元

千山鸟飞绝①，万径②人踪③灭。
孤④舟蓑笠⑤翁，独⑥钓寒江雪。

【作者简介】柳宗元（773~819年），字子厚，唐代河东（今山西运城）人，杰出诗人、哲学家、儒学家、成就卓著的政治家，唐宋八大家之一。著名作品有《永州八记》等六百多篇文章，经后人整理为三十卷，名为《柳河东集》。

【注释】①绝：无，没有。②万径：虚指，指千万条路。③人踪：人的脚印。④孤：孤零零。⑤蓑笠（suō lì）：蓑衣和斗笠。蓑：古代用来防雨的衣服。笠：古代用来防雨的帽子，用竹篾编成。⑥独：独自。

【意译】群山中的鸟儿飞得不见踪影，所有的道路上都不见人的踪迹。一条孤零零的小船上，有一位披着蓑衣、戴着斗笠的老翁，独自在寒冷的江面上钓鱼。

【赏析】《江雪》是唐代诗人柳宗元在永州居住时创作的一首五言绝句。诗中运用典型概括的手法，选择千山万径、人鸟绝迹这种最能表现山野严寒的典型景物，描绘出大雪纷飞、天寒地冻的画面；接着勾画独钓寒江的渔翁形象，借以表达诗人在遭受打击之后坚韧不屈而又深感孤寂的心情。

【拓展】周末和爸爸妈妈到郊外去感受一下垂钓的乐趣，比较一下和诗中老翁的心情有什么不一样。

19

夜宿①山寺

【唐】李白

危楼②高百尺，手可摘星辰③。
不敢高声语④，恐惊⑤天上人。

【作者简介】见本书《古朗月行》。

【注释】①宿：住，过夜。②危：高。危楼：高楼，这里指山顶的寺庙。③星辰：天上的星星统称。④语：说话。⑤恐：唯恐，害怕。惊：惊动。

【意译】山上寺院的高楼真高啊，好像有一百多尺的样子，人在楼上感觉一伸手就可以摘下天上的星星。站在这里，我不敢大声说话，生怕惊动了天上的神仙。

【赏析】李白夜宿深山的一座寺庙，发现寺院后面有座很高的藏经楼，于是便登了上去。凭栏远眺，星光闪烁，诗兴大发，写下了这一首记游写景的短诗。诗人运用了夸张的手法，先描写了寺中楼宇的高耸，再将我们的视线引向星光灿烂的夜空，以星夜的美丽引起对高耸入云的"危楼"的向往。摘星辰、惊天人，这些仿佛是童稚的想法，被诗人信手拈来，用于诗中，让人顿感情趣盎然，有返璞归真之妙。全诗想象瑰丽，夸张巧妙，给人以丰富的联想和身临其境之感。

【拓展】到楼顶或空旷处观察夜晚的星空，找出你认识的星星，说说关于这些星星的传说故事。

敕勒歌①

北朝民歌

敕勒川②，阴山③下。
天似穹庐④，笼盖四野⑤。
天苍苍⑥，野茫茫⑦。
风吹草低见牛羊⑧。

【出处简介】《敕勒歌》选自《乐府诗集》，是南北朝时期黄河以北的北朝流传的一首民歌，歌咏了北国草原壮丽富饶的风光，抒写敕勒人热爱家乡、热爱生活的豪情。

【注释】①敕勒（chì lè）：种族名，北齐时居住在朔州（今山西省北部）一带。②川：平川、平原。敕勒川：敕勒族居住的地方，在现在的山西、内蒙古一带。③阴山：在今内蒙古自治区北部。④穹庐（qióng lú）：用毡布搭成的帐篷，即蒙古包。⑤四野：草原的四面八方。⑥天苍苍：天蓝蓝的。⑦茫茫：辽阔无边的样子。⑧见（xiàn）：同"现"，显露。

【意译】辽阔的敕勒大平原就在阴山脚下。天空像个巨大的帐

篷,笼盖着整个原野。蔚蓝的天空一望无际,碧绿的原野茫茫不尽。一阵风吹过,牧草低伏,露出一群群正在吃草的牛羊。

【赏析】北朝民歌主要是北魏以后用汉语记录的作品,这些歌谣风格豪放刚健,抒情爽直坦率,语言质朴无华,表现了北方民族英勇豪迈的气概。《敕勒歌》这首民歌最早见于宋郭茂倩编《乐府诗集》中的第八十六卷《杂歌谣辞》,一般认为是敕勒人创作的民歌。全诗寥寥二十余字,展现出我国古代牧民生活的壮丽图景,勾勒出北国草原水草丰盛、牛羊肥壮的风光,抒发了敕勒人热爱家乡、热爱生活的豪情。

【拓展】搜集关于大草原的图片,和同学们一起举办草原风光图片展,邀请老师和大家一起欣赏。

村 居①

[清] 高鼎

草长莺飞二月天,拂堤杨柳醉春烟②。
儿童散学③归来早,忙趁东风放纸鸢④。

【作者简介】高鼎(1828~1880年),字象一,又字拙吾,仁和(今浙江省杭州)人。清代诗人,善于描写自然风光。

【注释】①村居:在乡村里居住时见到的景象。②杨柳拂堤:像杨柳一样抚摸堤岸。醉:迷醉,陶醉。春烟:春天水泽、草木间

蒸发形成的烟雾般的水汽。③散学：放学。④纸鸢：泛指风筝，它是一种纸做的形状像老鹰的风筝。

【意译】农历二月，村子前后的青草已经渐渐发芽生长，黄莺飞来飞去。杨柳披着长长的绿枝条，随风摆动，好像在轻轻地抚摸着堤岸。在水泽和草木间蒸发的水汽，如同烟雾般凝集着，杨柳似乎都陶醉在这浓丽的景色中。村里的孩子们放了学急忙跑回家，趁着东风把风筝放上蓝天。

【赏析】诗人高鼎晚年归隐农村，宁静的早春二月，草长莺飞，杨柳拂堤，受到田园氛围感染的诗人有感于春天的来临，即兴写下这首《村居》，生动地描写了春天时的大自然，写出了春日农村特有的明媚、迷人的景色。春景既然如此动人，生活在这如画的春光中的人更是如此。诗的后两句，由景而及人。诗人描绘了一幅孩童放风筝的画面：天气实在太好了，连平时爱在外贪玩的小学生们也一反常态，放学后早早地回到家，赶紧放起风筝来。全诗洋溢着欢快的情绪，给读者以美好的情绪感染。

【拓展】和爸爸妈妈一起踏青郊游放风筝，亲近大自然，感受放松心情的快乐。

咏柳
【唐】贺知章

碧玉①妆②成一树③高,万条垂下绿丝绦④。
不知细叶谁裁⑤出,二月春风似⑥剪刀。

【作者简介】贺知章(659~744年),字季真,号四明狂客,唐朝越州(今绍兴)永兴(今浙江萧山)人。贺知章的诗文以绝句见长,他的写景、抒怀之作风格独特,清新潇洒。

【注释】①碧玉:碧绿色的玉。这里用以比喻春天嫩绿的柳叶。②妆:装饰,打扮。③一树:满树。一:满,全。在中国古典诗词和文章中,数量词在使用中并不一定表示确切的数量。下一句的"万",就是表示很多的意思。④绦(tāo):用丝编成的绳带。这里指像丝带一样的柳条。⑤裁:裁剪。⑥似:如同,好像。

【意译】高高的柳树长满了翠绿的新叶,轻柔的柳枝垂下来,就像万条轻轻飘动的绿色丝带。这细细的嫩叶是谁的巧手裁剪出来的呢?原来是那二月里温暖的春风,它就像一把灵巧的剪刀。

【赏析】《咏柳》是盛唐诗人贺知章写的一首七言绝句。这是一首比喻贴切、构思精巧的咏物诗,以咏柳来歌颂春风。透过诗人的眼去看窗外的柳树:垂下的柳条好像绿色的丝带,细嫩的柳叶并不是自己生长的,而是像剪刀一样的春风,调皮地一点一点裁剪出

来的。多丰富的想象力啊,好像不是春天带来了春风,而是春风吹过,才把春天带到了我们身边!

【拓展】去公园观察湖边的垂柳,画出柳树的样子,再和同学们分享。

赋得①古原草送别

【唐】白居易

离离②原上草,一岁一枯荣③。
野火烧不尽,春风吹又生。
远芳④侵古道,晴翠⑤接荒城。
又送王孙⑥去,萋萋⑦满别情。

【作者简介】见本书《池上》。

【注释】①赋得:指定、限定的诗题常在题目上加"赋得"一词。②离离:青草茂盛的样子。③枯:枯萎。荣:茂盛。野草每年都会茂盛一次,枯萎一次。④芳:指野草那浓郁的香气。⑤翠:晴空下一片先翠的野草。⑥王孙:本指贵族后代,这里指远方的友人。⑦凄凄:茂盛的样子。

【意译】古原上的野草繁密茂盛,每年一度枯萎、一度繁荣。任凭野火焚烧也烧不尽,春风吹来又蓬勃地滋生。远处的芳草侵入

蔓延着淹没古道,翠绿的草色连接着荒城。在这里又送他乡游子远去,萋萋的芳草也充满别情。

【赏析】不管烈火怎样无情地焚烧,只要春风一吹,又是遍地青青的野草,极为形象生动地表现了野草顽强的生命力。用绵绵不尽的萋萋春草比喻充塞胸臆、弥漫原野的惜别之情,真正达到了情景交融,韵味无穷。

【拓展】自然界中有许多表现出美好品格的动物或植物,选择你知道的说一段赞美它的话。

晓出净慈寺送林子方

【宋】杨万里

毕竟①西湖六月中②,风光不与四时③同。
接天④莲叶无穷碧⑤,映日⑥荷花别样红⑦。

【作者简介】见本书《小池》。

【注释】①毕竟:到底。②六月中:六月中旬。③四时:春夏秋冬四个季节。在这里指六月以外的其他时节。④接天:像与天空相接。⑤无穷:无边无际。无穷碧:因莲叶面积很广,似与天相接,故呈现无穷的碧绿。⑥映日:太阳照耀。⑦别样:宋代俗语,特别,不一样。别样红:红得特别出色。

【意译】到底是西湖六月天的景色,风光与其他季节确实不

同。那密密层层的荷叶铺展开去，与蓝天相连接，一片无边无际的青翠碧绿；那亭亭玉立的荷花绽蕾盛开，在阳光辉映下，显得格外的鲜艳娇红。

【赏析】 诗人驻足六月的西湖送别友人林子方，全诗通过对西湖美景的极度赞美，曲折地表达对友人深情的眷恋。诗人开篇即说毕竟六月的西湖，风光不与四时相同，这两句质朴无华，说明六月西湖与其他季节不同的风光，是足可留恋的。然后，诗人用充满强烈色彩对比的句子，给读者描绘出一幅大红大绿、精彩绝伦的画面：翠绿的莲叶涌到天边，使人感到置身于无穷的碧绿之中；而娇美的荷花，在骄阳的映照下，显得格外艳丽。这种谋篇上的转化，虽然跌宕起伏，却没有突兀之感。看似平淡的笔墨，给读者展现了令人回味的艺术境地。

【拓展】 荷花是夏日里最美的风景，和爸爸妈妈一起去游览荷花池，用画笔或者文字记录下这美好的画面。

绝　句

【唐】杜甫

两个黄鹂鸣翠柳，一行白鹭上青天。
窗含西岭①千秋雪②，门泊③东吴④万里船⑤。

【作者简介】 杜甫（712～770年），字子美，自号少陵野老、

杜陵布衣，世称杜工部、杜少陵等，湖北襄阳人。唐代伟大的现实主义诗人，被世人尊为"诗圣"，与李白合称"李杜"。

【注释】①西岭：西岭雪山。②千秋雪：指西岭雪山上千年不化的积雪。③泊：停泊。④东吴：古时候吴国的领地，江苏省一带。⑤万里船：不远万里开来的船只。

【意译】两只黄鹂在翠绿的柳树间婉转地歌唱，一队整齐的白鹭直冲向蔚蓝的天空。我坐在窗前，可以望见西岭上堆积着终年不化的积雪，门前停泊着自万里外的东吴远行而来的船只。

【赏析】草堂周围多柳，新绿的柳枝上有成对黄鹂在欢唱，一派愉悦景象，有声有色，构成了新鲜而优美的意境。"翠"是新绿，"翠柳"是初春物候，柳枝刚抽嫩芽。"两个黄鹂鸣翠柳"，鸟儿成双成对，呈现一片生机，具有喜庆的意味。岭上积雪终年不化，所以积聚了"千秋雪"。而雪山在天气不好时见不到，只有空气清澄的晴日，它才清晰可见。用一"含"字，此景仿佛是嵌在窗框中的一幅图画，近在眼前。观赏到如此难得的美景，诗人心情的舒畅不言而喻。

【拓展】如果有机会去成都，可以看看西岭雪山、杜甫草堂，去感受诗人当初的所见所感，别忘了向小伙伴介绍你的见闻哦！

舟夜书①所见

【清】查慎行

月黑见渔灯，孤光②一点萤③。
微微风簇④浪，散作满河星。

【作者简介】 查慎行（1650～1727年），清代诗人，海宁袁花（今属浙江）人，当代著名作家金庸先祖。初名嗣琏，字夏重，号查田。后改名慎行，字悔余，号他山，晚年居住于初白庵，所以又称查初白。

【注释】 ①书：这里作动词用，是写、记的意思。②孤光：孤零零的灯光。③萤：萤火虫。这里比喻灯光像萤火虫一样微弱。④簇：拥起。

【意译】 漆黑的夜不见月亮，只见那渔船上的灯光，孤独的灯光在茫茫的夜色中，像萤火虫一样发出一点微亮。微风阵阵，河水泛起层层波浪，渔灯微光在水面上散开，河面好像撒落无数的星星。

【赏析】 这首诗好似一幅速写，作者抓住了那倒映在水中的渔火化作满天星星的片刻，几笔勾勒，立即捕捉住了这转瞬即逝的景物。这首诗又好似一幅木刻，在漆黑的背景上，亮出一点渔火，黑白对比，反差特别鲜明。诗人细腻的观察是由上到下，由静到动的，写来又是那样井然有序，明暗互衬，静动相间，用字传神，联

想奇特，构成一幅独特而又令人神往的舟夜渔火图，使读者得到一种精神上的愉悦和满足。

【拓展】试用黑色卡纸、蜡笔或其他材料，制作一件表现夏夜星空的手工作品。

山村咏怀

【宋】邵雍

一去①二三里，烟村②四五家。
亭台③六七座，八九十枝花。

【作者简介】邵雍（1012~1077年），字尧夫，北宋著名理学家、数学家、道士、诗人，生于林县上杆庄（今河南林州市刘家街村邵康村，一说生于范阳，即今河北涿州大邵村），与周敦颐、张载、程颢、程颐并称"北宋五子"。

【注释】①去：距离。②烟村：被烟雾笼罩的村庄。③亭台：泛指供人们游赏、休息的建筑物。

【意译】一眼看去有二三里远，薄雾笼罩着四五户人家。村庄旁有六七座凉亭，还有许多鲜花正在绽放。

【赏析】这首诗通过列锦的表现手法把烟村、人家、亭台、鲜花等景象排列在一起，构成一幅田园风光图，并创造出一种淡雅的意境，表达出诗人对大自然的喜爱与赞美之情。把一到十表示数目

的十个汉字按照自然数序同小路、烟、村、亭台、鲜花编织在一起，随着诗句和画面自然排列，只用了寥寥几笔就构成一幅自然朴实而又朦胧的山村风景画，自然地融于山村的意境之中。

【拓展】作者巧用数字把山村的田园风光勾勒得无比生动，你也试着把数字放到描绘你的家乡的小诗里吧！

观放白鹰

【唐】李白

八月边风高，胡鹰①白锦②毛。
孤飞一片雪，百里见秋毫③。

【作者简介】见本书《古朗月行》。

【注释】①胡鹰：北疆的老鹰。②白锦：像洁白的锦缎一样。③秋毫：指代老鹰身上的毫毛。

【意译】八月的北疆，风高气爽，北疆的老鹰全身是洁白如锦的羽毛。单独飞行的时候就像一片巨大的雪花飘，可是它却可以明察百里以外的毫毛。

【赏析】秋风正劲的时候，白鹰高飞。诗人很喜欢白色，于是就非常突出鹰之白。"孤飞一片雪，百里见秋毫"就是反衬鹰之白。白是纯洁之色，李白就像是纯洁的白鹰，孤飞在太空，给这个世界带来了一片洁白。

【拓展】观看有关老鹰的视频资料，了解更多相关的知识。

苔

【清】袁枚

白日①不到处，青春恰自来。
苔花如米小，也②学牡丹开。

【作者简介】袁枚（1716~1798年），字子才，号简斋，晚年自号仓山居士、随园老人等。钱塘（今浙江杭州）人，乾隆、嘉庆时期代表诗人之一，与赵翼、蒋士铨合称"乾隆三大家"，与纪昀齐称"南袁北纪"。

【注释】①白日：太阳。②也：一作"亦"。

【意译】春天和煦的阳光照不到的背阴处，生命照常在萌动，苔藓仍旧长出绿意来。苔花虽如米粒般微小，依然像那高贵的牡丹一样热烈绽放。

【赏析】这是一首人生励志的小诗。苔虽然在阳光不能照到的地方生长，又那么渺小。到了春天，它一样拥有绿色，拥有生命。花开微小似米，但却一定要像牡丹一样尽情绽开。因为在苔的心中，它和牡丹拥有同样的大地，也同样头顶广阔的天空。无名的花，悄然地开着，不引人注目，更无人喝彩。就算这样，它仍然那么执着地开放，认真地把自己最美的瞬间，毫无保留地绽放给了这

个世界。这也是我们生活中最可取的一种心境。

【拓展】仔细观察大自然中的植物,选三至五种制作植物标本,和小伙伴办个植物标本展览。

春 雪

【唐】韩愈

新年①都未有芳华②,二月初③惊④见草芽。
白雪却嫌⑤春色晚,故⑥穿庭树作飞花。

【作者简介】韩愈(768~824年),字退之,世称韩昌黎,河南河阳(今河南省孟州市)人。唐代杰出的文学家、哲学家、思想家,被尊为"唐宋八大家"之首,与柳宗元、欧阳修和苏轼合称"千古文章四大家",有"文章巨公"和"百代文宗"之名。

【注释】①新年:指农历正月初一。②芳华:芬芳的花朵。③初:刚刚。④惊:新奇,惊讶。⑤嫌:怨恨。⑥故:故意。

【意译】到了新年都还看不到芬芳的鲜花,二月初时才惊喜地发现有小草冒出了新芽。白雪也嫌春色来得太晚了,所以故意化作花儿在庭院的树木之间穿飞。

【赏析】《春雪》构思新巧,独具风采,是韩愈小诗中的佳作。首句写人们在漫漫寒冬中久盼春色的焦急心情,一个"都"字,透露出这种急切的心情。第二句中"惊"字最宜玩味,它写出

了人们在焦急地期待中终于见到春色萌芽而新奇、惊讶、欣喜的神情，十分传神。诗句表达了这样一种感情：虽然春色姗姗来迟，但毕竟就要来了。三、四句表面是说有雪无花，实际是说白雪比人更等不住，穿树飞花作春色。这实际是诗人期盼春天，在自然界还没有春色时幻化出的一片春色，富有浓烈的浪漫主义色彩。

【拓展】那漫天飞舞的雪花一定带给你许多快乐，回忆一下，创作一幅《雪景图》或写一篇《雪中的故事》。

相 思

【唐】王 维

红豆①生南国②，春来发几枝。

愿君多采撷③，此物④最相思⑤。

【作者简介】见本书《画》。

【注释】①红豆：又名相思子，一种生在江南地区的植物，结出的籽像豌豆而稍扁，呈鲜红色。古人常用来象征爱情或相思。②南国：指我国南部，因红豆多产于岭南，所以说"生南国"。③采撷：采摘。④此物：指红豆。⑤相思：想念。

【意译】红豆树生长在南方，春天到了它将生出多少新枝呢？希望你多采摘一些红豆，它最能够引起人们的思念之情。

【赏析】这是一首借咏物而寄相思的五言绝句。全诗洋溢着少

年的热情、青春的气息,满腹情思始终未曾直接表白。写相思之情,却句句话儿不离红豆,把相思之情表达得入木三分。诗句一气呵成,极为明快,却又委婉含蓄,意味极为深长。在生活中,最深情的话往往朴素无华,自然入妙。诗人王维很善于提炼这种素朴而典型的语言来表达深厚的思想感情,所以这首诗语浅情深,当时就成为流行的名歌是不足为奇的。

【拓展】欣赏红豆工艺品图片或视频。如果让你用身边植物的种子来创作,你想创作一件什么作品?

遗爱寺①

【唐】白居易

弄②石临③溪坐,寻花绕寺行。
时时闻④鸟语⑤,处处是泉声。

【作者简介】见本书《池上》。

【注释】①遗爱寺:地名,位于庐山香炉峰下。②弄:在手里玩。③临:面对。④闻:听见。⑤鸟语:鸟鸣声。

【意译】我玩着石子,面对小溪坐着,为了赏花,我绕着寺庙周围的小路行走。不时听到小鸟的啼叫声,又到处听到泉水的叮咚声。

【赏析】这是一首写景抒情的短诗。诗人将石、溪、花、鸟、泉等多种自然景物有机地组合在一起，描绘了一幅清新秀丽、生机勃勃的图画，勾勒出遗爱寺令人神往的风景，又通过"弄""寻""行"等细致的动作描写刻画，表达了诗人对大自然的无限热爱之情。

【拓展】请你以小导游的口吻，仿照《遗爱寺》的写法，用儿歌或短文向大家介绍家乡迷人的美景。

菊花

【唐】元 稹

秋丛①绕舍②似陶家③，遍绕④篱⑤边日渐斜⑥。
不是花中偏爱菊，此花开尽⑦更⑧无花。

【作者简介】元稹（779～831年），字微之，别字威明，河南洛阳人。唐代文坛上成就卓著的诗人、文学家，早年和白居易共同倡导"新乐府"运动，世人常把他们并称"元白"。

【注释】①秋丛：丛丛秋菊。②舍（shè）：居住的房子。③陶家：陶渊明的家。陶，指东晋诗人陶渊明。④遍绕：环绕一遍。⑤篱（lí）：篱笆。⑥日渐斜：太阳渐渐落山。⑦开尽：花开完凋谢了。⑧更（gèng）：再。

【意译】一丛一丛的秋菊环绕着房屋盛开了，看起来这里好像是诗人陶渊明的家。绕着篱笆观赏菊花，不知不觉太阳已经快落山

了。不是因为百花中我特别地偏爱菊花,只是因为菊花开过之后就不能够看到更好的花了。

【赏析】菊花,不像牡丹那样富丽,也没有兰花那样名贵,但作为傲霜之花,它一直受人偏爱,有人赞美它坚强的品格,有人欣赏它高洁的气质。东晋大诗人陶渊明写了"采菊东篱下,悠然见南山"的名句,其爱菊之名,无人不晓,而菊花也逐渐成了超凡脱俗的隐逸者的象征。"不是花中偏爱菊,此花开尽更无花",而元稹的这首咏菊诗,别出新意地道出了他爱菊的原因。

【拓展】观看《菊花》折纸视频,自己动手折出一些五彩缤纷的菊花,举办一场"赏菊"会。

城①东早春

【唐】杨巨源

诗家②清景③在新春④,绿柳才黄⑤半未匀⑥。
若待上林⑦花似锦⑧,出门俱⑨是看花人⑩。

【作者简介】杨巨源(755~约833年),唐代诗人,字景山,后改名巨济,河中(今山西永济)人。他与白居易、元稹、刘禹锡、贾岛等人交好,深受好友尊重。

【注释】①城:指唐代京城长安。②诗家:诗人的统称,并不光指作者自己。③清景:清秀美丽的景色。清:一作"新"。④新

春：即早春。⑤才黄：刚刚露出嫩黄的柳眼。⑥匀：均匀，匀称。⑦上林：上林苑，故址在今陕西西安市西，建于秦代，汉武帝时加以扩充，为汉宫苑。诗中用来代指唐朝京城长安。⑧锦：五色织成的绸绫。⑨俱：全，都。⑩看花人：此处双关进士及第者。唐朝时进士及第者有在长安城中看花的风俗。

【意译】早春的清新景色，正是诗人的最爱。绿柳枝头嫩叶才萌芽，鹅黄的颜色尚未均匀。如果等到长安城中繁花似锦的时候，只要走出房门就可以看见到处都是赏花的人。

【赏析】这首诗写诗人对早春景色的热爱。前两句突出诗题中的"早春"之意，用"才""半"暗示"早"，抓住"半未匀"让人仿佛见到绿枝上刚刚露出的几颗嫩黄的柳芽儿，那么清新宜人。这不仅把早春时柳树的风姿勾画得非常逼真，还让人感受到了诗人欢悦和赞美之情。诗篇别具一格地从"诗家"的眼光来写，又寓有哲理和韵味，也可以把它看作一种创作见解，即诗人必须感觉敏锐，努力发现新的东西，写出新的境界，不能人云亦云，老是重复那些已经熟滥的旧套。

【拓展】春天在不同诗人的笔下多姿多彩，你还喜欢哪些描写春天的古诗呢？请朗诵给大家听，表达你对春天的热爱之情吧！

中年级
诵读诗选

山行①

【唐】杜牧

远上②寒山③石径④斜⑤，白云生⑥处有人家。

停车坐⑦爱枫林晚⑧，霜叶红于⑨二月花。

【作者简介】杜牧（803～853年），字牧之，号樊川居士，京兆万年（今陕西西安）人，唐代诗人。人称"小杜"，和李商隐合称"小李杜"。以七言绝句著称，境界宽广，寓有深沉的历史感。

【注释】①山行：在山中行走。②远上：登上远处的。③寒山：深秋季节的山。④石径：石子的小路。⑤斜：倾斜的意思。⑥生：形成白云。⑦坐：因为。⑧枫林晚：傍晚时的枫树林。⑨霜叶：枫树的叶子经深秋寒霜之后变成了红色。红于：比……更红。

【意译】沿着弯弯曲曲的小路上山，在那白云形成的地方居然还有人家。停下马车是因为喜爱深秋枫林的晚景，那火红的枫叶比江南二月的花还要红。

【赏析】这首诗描绘秋色，展现出一幅动人的山林秋色图。山路、人家、白云、红叶，构成一幅和谐统一的画面。诗人没有像一般封建文人那样在秋季到来时哀伤叹息，他歌颂大自然的秋色美，体现出豪爽向上的精神，表现了诗人的才气和见地。这是一首秋色的赞歌。全诗构思新颖，布局精巧，从萧瑟秋风中摄取绚丽秋色，

与春光争胜，令人赏心悦目，精神奋发。

【拓展】和父母、小伙伴一起走出家门，看看美丽的秋天吧！你发现了什么？尝试着用一段话写下来吧！

夜书所见

【宋】叶绍翁

萧萧①梧叶送寒声，江上秋风动客情②。
知有儿童挑③促织④，夜深篱落⑤一灯明。

【作者简介】叶绍翁，南宋诗人，字嗣宗，号靖逸，祖籍建安（今福建）。叶绍翁的诗以七言绝句为最好，如《游园不值》《夜书所见》《嘉兴界》《田家三咏》等，有诗集《靖逸小集》。

【注释】①萧萧：风声。②客情：旅客思乡之情。③挑：用细长的东西拨动。④促织：俗称蟋蟀，有的地区叫蛐蛐。⑤篱落：篱笆。

【意译】萧萧秋风吹动梧叶，送来阵阵寒意，使出门在外的诗人不禁思念起自己的家乡。忽然看到远处篱笆下面有一处灯火，他猜想那是孩子们在捉蟋蟀。

【赏析】这首诗是诗人客居异乡，静夜感秋所作，抒发了羁（jī）旅之愁和深挚的思乡之情。三、四句写儿童夜捉蟋蟀，兴致高昂，流露出作者十分留恋童年生活的情感。儿童在夜里捉促织，勾起诗人对童年快乐生活的回忆。

【拓展】你有过捉蟋蟀、斗蟋蟀之类的经历吗？给你的小伙伴介绍一下吧！

望天门山[①]

【唐】李白

天门中断[②]楚江[③]开[④]，碧水东流至此[⑤]回[⑥]。

两岸青山[⑦]相对出，孤帆一片日边来[⑧]。

【作者简介】见本书《古朗月行》。

【注释】①天门山：位于安徽省和县与芜湖市长江两岸，在江北的叫西梁山，在江南的叫东梁山。两山隔江对峙，形同门户，所以叫天门。②中断：指东西两山之间被水隔开。③楚江：即长江。古代长江中游地带属楚国，所以叫楚江。④开：开掘；开通。⑤至此：意为东流的江水在这转向北流。⑥回：转变方向，改变方向。⑦两岸青山：指博望山和梁山。⑧日边来：指孤舟从天水相接处的远方驶来，好像来自天边。

【意译】天门山被长江从中断开，分为两座山，碧绿的江水向东流到这儿突然转了个弯儿，向北流去。两岸的青山相互对峙，一只小船从水天相接的远处悠然驶来，好似来自天边。

【赏析】这是李白赴江东途中行至天门山时所作的一首七绝。

此诗描写了诗人舟行江中顺流而下远望天门山的情景：前两句描写天门山的雄奇壮观和江水浩荡奔流的气势；后两句描绘出从两岸青山夹缝中望过去的远景，显示了一种动态美。全诗通过对天门山景象的描述，赞美了大自然的神奇壮丽。作品意境开阔，气象雄伟，动静虚实，相映成趣，并能化静为动，化动为静，表现出一种灵动的意趣。

【拓展】你观察过家乡的青山碧水吗？都有什么特点呢？走出家门，去欣赏家乡的美丽风景吧，还可以画一画你最喜欢的风景。

饮湖上①初晴后雨

【宋】苏轼

水光潋滟②晴方③好，山色空蒙④雨亦奇。

欲把西湖比西子⑤，淡妆浓抹⑥总相宜⑦。

【作者简介】苏轼，字子瞻，号东坡居士，世称苏东坡、苏仙，眉山眉州（今属四川省眉山市）人，祖籍河北栾城。是北宋著名的文学家、书画家，宋代文学最高成就的代表，和父亲苏洵、弟弟苏辙都是有名的散文家，世称"三苏"，同在唐宋八大家之列。

【注释】①饮湖上：在湖中饮酒。湖，即西湖。②水光潋滟：水面波光粼粼的样子。③方：正。④山色空蒙：指在细雨中山色空灵迷蒙。⑤西子：指古代美女西施。⑥淡妆浓抹：淡雅的装扮或者

浓艳的装扮。⑦相宜：合适。

【意译】晴天的时候，西湖的水面波光闪闪，非常好看；下雨的时候，山色一片迷茫，同样奇妙动人。我要把西湖比做西施，因为它不管是淡雅的装束还是浓艳的打扮，看起来总是那么得体。

【赏析】这是苏轼任杭州通判期间赞美西湖美景的七绝的第二首，被广为流传。此诗不是描写西湖的一处、一时之景，而是对西湖美景的全面描写概括品评，尤其是后两句，被认为是对西湖最恰当的评价。前两句既写了西湖的水光山色，也写了西湖的晴姿雨态。从"晴方好""雨亦奇"这一赞评，可以想象在不同天气下的湖山胜景。后两句写的景是交换、对应之景，情是广泛、豪宕（dàng）之情，情景交融，句间情景相对，西湖之美概写无余。下半首诗里，诗人进一步运用他的点睛之笔来描绘湖山的晴光雨色，只用一个既空灵又贴切的妙喻就传达出了湖山的神韵。

【拓展】同一处风景在不同的天气里会有不同的美。你的家乡在不同的季节里又有怎样的美呢？把你的观察写下来吧！

望洞庭①

【唐】刘禹锡

湖光②秋月两③相和④，潭面⑤无风镜未磨⑥。

遥望洞庭山水翠⑦，白银盘⑧里一青螺⑨。

【作者简介】 刘禹锡（772~842年），字梦得，彭城（今徐州）人，祖籍洛阳（今属河南）。唐代文学家、哲学家，唐代中晚期著名诗人，有"诗豪"之称。

【注释】 ①洞庭：湖名，在今湖南省北部。②湖光：湖面的波光。③两：指湖光和秋月。④和：和谐。指水色与月光交相辉映。⑤潭面：指湖面。⑥镜未磨：古人的镜子用铜制作、磨成。⑦山水翠：一作"山水色"。山，指洞庭湖中的君山。⑧白银盘：形容平静而又清澈的洞庭湖面。⑨青螺：这里用来形容洞庭湖中的君山。

【意译】 洞庭湖上月光和水色交相融合，湖面风平浪静如同未磨的铜镜。远远眺望洞庭湖山水苍翠如墨，好似洁白银盘里托着一枚青螺。

【赏析】 这首诗描写了秋夜月光下洞庭湖的优美景色，表达了诗人对洞庭风光的喜爱和赞美之情，表现了诗人的气宇不凡和清淡高雅。首句描写湖水与素月交相辉映的景象，第二句描绘无风时湖面平静的情景，第三、四句集中描写湖中的君山。全诗选择了月夜遥望的角度，把千里洞庭尽收眼底，抓住最有代表性的湖光山色，轻轻着笔，通过丰富的想象、巧妙的比喻，别出心裁地把洞庭美景再现于纸上，显示出惊人的文学功力。

【拓展】 夜光下的美景总是让人流连忘返。你有夜光下出行、玩耍、赏景的经历吗？是什么感受呢？向小伙伴们介绍一下吧！

早发白帝①城

【唐】李白

朝辞白帝彩云间,千里江陵②一日还③。

两岸猿声啼不住,轻舟已过万重山。

【作者简介】见本书《古朗月行》。

【注释】①白帝:今四川省奉节。②江陵:今湖北省江宁县。③一日还:一天就可以到达。

【意译】清晨,我告别高入云霄的白帝城;江陵远在千里,船行只一日时间。两岸猿声,还在耳边不停地啼叫;不知不觉,轻舟已穿过万重青山。

【赏析】此诗是李白诗作中流传最广的名篇之一。诗人把遇赦后愉快的心情和江山的壮丽多姿、顺水行舟的流畅轻快融为一体来表达。全诗洋溢着诗人经过艰难岁月之后突然迸发的一种激情,在雄峻和迅疾中又有豪情和欢悦。快船快意给读者留下广阔的想象空间。

【拓展】你游览过长江三峡吗?没有的话就在父母的陪伴下去游一游。说一说站在船头,欣赏那美丽的青山绿水时的心境。

采莲曲①

【唐】王昌龄

荷叶罗裙②一色裁③，芙蓉④向脸两边开。

乱入池中看不见⑤，闻歌始觉有人来。

【作者简介】王昌龄（698~756年），字少伯，河东晋阳（今山西太原）人。盛唐著名边塞诗人，后人誉为"七绝圣手"，有"诗家夫子王江宁"之誉。

【注释】①采莲曲：古曲名。内容多描写江南一带水国风光和采莲女劳动生活情态。②罗裙：用质地轻软稀疏的丝织品制成的裙子。③一色裁：像是用同一颜色的衣料剪裁的。④芙蓉：指荷花。⑤看不见：指分不清哪是芙蓉的绿叶红花，哪是少女的绿裙红颜。

【意译】一群采莲姑娘身穿和绿色荷叶一样颜色的罗裙，粉红的荷花映照着姑娘们鲜嫩的脸庞。碧罗裙、芙蓉面混杂在荷花池中难以辨认，听到歌声才发觉池中有人来采莲。

【赏析】如果把这首诗看作一幅《采莲图》，画面的中心自然是采莲少女们。但诗人却自始至终不让她们在这幅活动的画面上显现，而是让她们夹杂在田田荷叶、艳艳荷花丛中若隐若现，使采莲少女与美丽的大自然融为一体，使全诗别具一种引人遐想的优美意境。这样的艺术构思是独具匠心的。

【拓展】观赏美丽的荷塘景象，你会看到碧绿的荷叶和艳丽的荷花，在阳光照耀、清风吹拂下的美景。请和大家分享一下，先说一说，再写一写。

绝 句

【唐】杜甫

迟日①江山丽，春风花草香。

泥融②飞燕子，沙暖睡鸳鸯③。

【作者简介】见本书《绝句（两个黄鹂鸣翠柳）》。

【注释】①迟日：春天日渐长，所以说迟日。②泥融：这里指泥土滋润、湿润。③鸳鸯：一种水鸟，雄鸟与雌鸟常常出双入对。

【意译】江山沐浴着春光，多么秀丽，春风送来花草的芳香。燕子衔着湿泥忙着筑巢，暖和的沙子上睡着成双成对的鸳鸯。

【赏析】这一首写于成都草堂的五言绝句，是极富诗情画意的佳作。诗人以"迟日"领起全篇，突出了春天日光和煦、万物欣欣向荣的特点，并使诗中描写的物象有机地组合为一体，构成一幅美丽和谐的春色图。该诗反映了诗人经过奔波流离之后，暂居草堂的安适心情，也是诗人对初春时节自然界欣欣向荣景象的欢悦情怀的表露。

【拓展】春天到了，到处都生机勃勃、欣欣向荣。给我们大家讲一讲你眼中的春天吧！

惠崇①春江晚景

【宋】苏轼

竹外桃花三两枝,春江水暖鸭先知。

蒌蒿②满地芦芽③短,正是河豚④欲上⑤时。

【作者简介】见本书《饮湖上初晴后雨》。

【注释】①惠崇:北宋名僧能善画,《春江晚景》是他的画作,共两幅,一幅是《鸭戏图》,一幅是《飞雁图》。苏轼的题画诗也有两首,这首是题《鸭戏图》的诗。②蒌蒿:一种生长在洼地的多年生草本植物,花淡黄色,茎高四、五尺,刚生时柔嫩香脆,可以吃。(字典解释:多年生草本植物,花淡黄色,可入药。)③芦芽:芦苇的幼芽,可食用。④河豚:鱼的一种,学名"鲀",肉味鲜美,但是卵巢和肝脏有剧毒。产于我国沿海和一些内河。每年春天逆江而上,在淡水中产卵。⑤上:指鱼逆江而上。

【意译】竹林外两三枝桃花初放,鸭子在水中游戏,它们最先察觉了初春江水的回暖。河滩上已经长满了蒌蒿,芦笋也开始抽芽了,而这恰是河豚从大海回归,将要逆江而上产卵的季节。

【赏析】《惠崇春江晚景(二首)》是苏轼为惠崇所绘的《春江晚景》所写的题画诗。这一首诗成功地写出了早春时节的春江景色,苏轼以其细致、敏锐的感受,捕捉住季节转换时的景物特征,

抒发对早春的喜爱和赞美之情。全诗春意浓郁、生机勃勃，给人以清新、舒畅之感。惠崇的《春江晚景图》没有流传下来，不过从苏轼的诗中，我们可以想个大概：一片竹林，三两枝桃花，一条江，几只鸭子，河岸上满是蒌蒿，芦芽刚刚破土，天上还有两两归鸿。河豚是看不到的，但是馋嘴的苏轼在想：河豚该上来了，用蒌蒿和芦芽一炖，比东坡肉鲜多了。

【拓展】你欣赏过春天美丽的桃花吗？你们观察过动物是怎么迎接春天的到来的吗？说一说，写一写。

三衢道中①

【宋】曾几

梅子黄时②日日晴，小溪泛尽③却山行④。

绿阴⑤不减⑥来时路，添得黄鹂⑦四五声。

【作者简介】曾几（1085～1166年），中国南宋诗人，字吉甫，自号茶山居士。

【注释】①三衢道中：在去三衢州的道路上。三衢即衢州，今浙江常山县，因境内有三衢山而得名。②梅子黄时：指五月，梅子成熟的季节。③小溪泛尽：乘小船走到小溪的尽头。泛，乘船。尽，尽头。④却山行：再走山间小路。却，再的意思。⑤绿阴：苍绿的树荫。阴，树荫。⑥不减：并没有少多少，差不多。⑦黄鹂：

黄莺。

【意译】梅子黄透了的时候,天天都是晴朗的好天气,乘小船沿着小溪而行,走到了小溪的尽头,再改走山路继续前行。山路上苍翠的树,像来的时候一样浓密,深林丛中传来几声黄鹂的欢鸣声,比来时更增添了些幽趣。

【赏析】全诗明快自然,极富有生活韵味。作者将一次平平常常的行程,写得错落有致,平中见奇,不仅写出了初夏的宜人风光,而且诗人的愉悦心情也栩栩如生,让人领略到平凡生活中别样的意趣。诗写初夏时宁静的景色和诗人山行时轻松愉快的心情。首句点明此行的时间,"梅子黄时"正是江南梅雨时节(黄梅天),难得有这样"日日晴"的好天气,因此诗人的心情自然也为之愉悦,游兴愈浓。诗人乘轻舟泛溪而行,溪尽而兴不尽,于是舍舟登岸,山路步行。一个"却"字,道出了他高涨的游兴。三四句紧承"山行",写绿树荫浓,清爽宜人,更有黄鹂啼鸣,幽韵悦耳,渲染出诗人舒畅愉悦的情怀。

【拓展】春天踏青,让春天的美景尽收眼底,是一件多么惬意的事情。你们到哪里踏过青?那里有怎样的美景?请你尝试写一首小诗分享给大家。

忆江南①

【唐】白居易

江南好,风景旧曾谙②;日出江花③红胜火④,春来江水绿如蓝⑤。能不忆江南?

【作者简介】见本书《池上》。

【注释】①忆江南:唐教坊曲名。这里所指的江南主要是长江下游的江浙一带。②谙(ān):熟悉。作者年轻时曾三次到过江南。③江花:江边的花朵。一说指江中的浪花。④红胜火:颜色鲜红胜过火焰。⑤绿如蓝:绿得比蓝还要绿。如,用法犹"于",有胜过的意思。蓝,蓝草,其叶可制青绿染料。

【意译】江南的风景多么美好,风景久已熟悉。春天到来时,太阳从江面升起,把江边的鲜花照得红过火焰,碧绿的江水绿得胜过蓝草。怎能叫人不怀念江南?

【赏析】这首词写江南春色。首句中的"好"字,浅切而圆活,赞颂、向往尽寓其中。第二句中的"旧曾谙",点明"好"是作者出牧杭州时的亲身体验与感受,又照应了"忆"字,贯通全诗意脉。三、四两句对"好"形象化演绎,突出渲染江花、江水红绿相映的明艳色彩,既有同色间的相互烘托,又有异色间的相互映衬。篇末以"能不忆江南"收束,托出身处洛阳的作者对江南春色

的无限赞叹与怀念,造成一种悠远深长的韵味。

【拓展】宋代诗人范成大说过:"上有天堂,下有苏杭。"就是赞美江南美景可与天堂相媲美。你能不能试着仿照《忆江南》这首词的样子,也写几句来夸一夸江南美景呢?

钱塘湖春行

【唐】白居易

孤山寺①北贾亭②西,水面初平③云脚低④。

几处早莺⑤争暖树⑥,谁家新燕⑦啄春泥。

乱花渐欲迷人眼,浅草才能没马蹄。

最爱湖东行不足⑧,绿杨阴⑨里白沙堤。

【作者简介】见本书《池上》。

【注释】①孤山寺:南北朝时期陈文帝(559~566年)初年建,名承福,宋时改名广化。孤山:在西湖的里、外湖之间,因与其他山不相接连,所以称孤山。上有孤山亭,可俯瞰西湖全景。②贾亭:又叫贾公亭。西湖名胜之一,唐朝贾全所筑。③水面初平:湖水才同堤持平,即春水初涨。④云脚低:白云重重叠叠,同湖面上的波澜连成一片,看上去,浮云很低,所以说"云脚低"。⑤早莺:初春时早来的黄鹂。⑥争暖树:争着飞到向阳的树枝上

去。暖树：向阳的树。⑦新燕：刚从南方飞回来的燕子。⑧行不足：百游不厌。足，满足。⑨阴：同"荫"，指树荫。

【意译】从孤山寺的北面到贾亭的西面，湖面春水刚与堤持平，白云低垂，同湖面上的波澜连成一片。几处早出的黄莺争着飞向阳光温暖的树木上栖息，谁家新来的燕子衔着泥在筑巢。繁多而色彩缤纷的春花渐渐要迷住人的眼睛，浅浅的春草刚刚能够遮没马蹄。我最喜爱西湖东边的美景，总观赏不够，尤其是绿色杨柳荫下的白沙堤。

【赏析】这是描绘西湖美景的名篇。首联点出钱塘湖的方位，描写湖光水色。颔联写仰视所见莺燕，颈联写俯察所见花草，准确生动地把边行边赏的早春气象流露出来。尾联略写最爱的湖东沙堤，以"行不足"说明自然景物美不胜收，诗人也余兴未阑。这首诗语言平易浅近，清新自然，运用白描，形象活现，即景寓情。

【拓展】在美丽的春天里，走进大自然，看比美的蝴蝶、起舞的小燕子……你能把它们的快乐说给我们听听吗？

元 日①

【宋】王安石

爆竹②声中一岁除③，春风送暖入屠苏④。

千门万户曈曈⑤日，总把新桃⑥换旧符。

【作者简介】见本书《梅花》。

【注释】①元日：农历正月初一，即春节。②爆竹：古人烧竹子时发出的爆裂声。用来驱鬼避邪，后来演变成放鞭炮。③一岁除：一年已尽。除：去。④屠苏：药酒名，驱邪。⑤曈曈：日出时光亮而又温暖的样子。⑥桃：桃符，古代一种风俗，压邪。

【意译】在阵阵鞭炮声中，一年又过去了，我们又迎来了新的一年。和煦的春风吹在脸上暖洋洋的。人们端起酒杯，开怀畅饮屠苏酒。旭日的光辉普照千家万户，到处是灿烂的景象。每到这个时候，人们都会取下旧桃符，换上新桃符。

【赏析】这是一首写古代迎接新年的即景之作，取材于民间习俗，抓住有代表性的生活细节——点燃爆竹、饮屠苏酒、换新桃符，充分表现出年节的欢乐气氛，富有浓厚的生活气息。这首诗描写新年元日热闹、欢乐和万象更新的动人景象，充满欢快及积极向上的奋发精神。这首诗，正是赞美新事物的诞生如同"春风送暖"那样充满生机；"曈曈日"照着"千门万户"，这不是平常的太阳，而是新生活的开始，变法带给百姓的是一片光明。结尾一句"总把新桃换旧符"，表现了诗人对人民生活改善的欣慰、喜悦之情。

【拓展】《元日》为我们描述了古时候人们过春节的情景，你还知道哪些过春节的传统习俗呢？请说给大家听一听。

滁州①西涧

【唐】韦应物

独怜②幽草涧边生，上有黄鹂深树③鸣。

春潮④带雨晚来急，野渡⑤无人舟自横。

【作者简介】韦应物（737~792年），唐代诗人，长安（今陕西西安）人。诗风恬淡高远，以善于写景和描写隐逸生活著称。

【注释】①滁州：在今安徽滁州以西。西涧：在滁州城西，俗名称上马河。②独怜：唯独喜欢。幽草：幽谷里的小草。幽，一作"芳"。生：一作"行"。③深树：枝叶茂密的树。深，《才调集》作"远"。树，《全唐诗》注"有本作'处'"。④春潮：春天的潮汐。⑤野渡：郊野的渡口。横：指随意飘浮。

【意译】最是喜爱涧边生长的幽幽野草，还有那树丛深处婉转啼唱的黄鹂。春潮夹带着暮雨流得湍急，荒野渡口了无人烟，只有一只小船悠闲地横在水面。

【赏析】这是一首暮春景物的小诗，描写春游滁州西涧赏景和晚潮带雨的野渡所见。首二句写春景：诗人独喜爱涧边生长的幽草，上有黄莺在树荫深处啼鸣。这是清丽的色彩与动听的音乐交织成的幽雅景致。后二句写晚潮加上春雨，水势更急，一幅水急舟横的景象。

【拓展】春天有娇艳的鲜花、嫩绿的小草、淙淙的溪流、快乐的燕子,你还看到了什么?试着说一说,写一写你眼中光彩夺目的春天。

大林寺①桃花

【唐】白居易

人间②四月芳菲③尽④,山寺桃花始盛开。

长恨⑤春归⑥无觅⑦处,不知转入此中来。

【作者简介】见本书《池上》。

【注释】①大林寺:在庐山大林峰,相传为晋代僧人昙诜所建,为我国佛教名寺之一。②人间:指庐山下的平地村落。③芳菲:盛开的花,亦可泛指花草艳盛的阳春景色。④尽:指花都凋谢了。⑤长恨:常常惋惜。⑥春归:春天回去了。⑦觅:寻找。

【意译】四月,正是平地上春归芳菲落尽的时候,高山古寺之中的桃花竟才刚刚盛放。我常常因春天的逝去,而无处寻觅其去处而伤感,此时重新遇到春景后,喜出望外,猛然醒悟:没想到春天反倒在这深山寺庙之中了。

【赏析】唐贞元年间进士出身的白居易,曾授秘书省校书郎,再官至左拾遗,可谓春风得意。因其直谏不讳,冒犯了权贵,受朝廷排斥,被贬为江州司马。在《琵琶行》一诗中,曾面对琵琶女产

生"同为天涯沦落人"的沧桑感慨。这种沧桑的感慨，也许自然地融入这首小诗的意境，使《大林寺桃花》一诗蒙上了逆旅沧桑的隐喻色彩。

【拓展】 桃花是春的使者，古人以桃花为题，吟诵了许许多多千古名句，你能回忆起哪些呢？吟诵出来，给大家欣赏一下吧！

鹿 柴①

【唐】王维

空山不见人，但②闻人语响。

返景③入深林，复照④青苔上。

【作者简介】 见本书《画》。

【注释】 ①鹿柴（zhài）："柴"同"寨"，栅栏。此为地名。②但：只。闻：听见。③返景：夕阳返照的光。景：日光之影，古时同"影"。④照：照耀（着）。

【意译】 山中空空荡荡不见人影，只听得喧哗的人语声响。夕阳的金光射入深林中，青苔上映着昏黄的微光。

【赏析】 这首诗描绘鹿柴附近的空山深林傍晚时分的幽静景色。诗的绝妙处在于以动衬静，以局部衬全局，清新自然，毫不做作。落笔先写空山寂绝人迹，接着以"但闻"一转，引出人语响来。空谷传音，愈见其空，人语过后，愈添空寂。最后又写几点夕

阳余晖的映照，愈加触发人幽暗的感觉。这首诗创造了一种幽深而光明的象征性境界，表现了作者在深幽的修禅过程中的豁然开朗。诗中虽有禅意，却不诉诸议论说理，而全渗透于自然景色的生动描绘之中。

【拓展】寂静的深林，总是给人神秘、宁静的感觉。结合你的生活经验或者影视、书本知识，描绘一下你印象中的深林吧！

暮江吟①

【唐】白居易

一道残阳②铺水中，半江瑟瑟③半江红。

可怜九月初三夜④，露似真珠月似弓⑤。

【作者简介】见本书《池上》。

【注释】①暮江吟：黄昏时分在江边所作的诗。吟，古代诗歌的一种形式。②残阳：快落山的太阳的光。也指晚霞。③瑟瑟：原意为碧色珍宝，此处指碧绿色。④可怜：可爱。九月初三：农历九月初三的时候。⑤真珠：即珍珠。月似弓：农历九月初三，上弦月，其弯如弓。

【意译】一道残阳渐沉江中，半江碧绿半江艳红。最可爱的是那九月初三之夜，亮似珍珠，朗朗新月形如弯弓。

【赏析】诗人通过对"露""月"之视觉形象的描写，创造

出和谐、宁静的意境，用这样新颖巧妙的比喻来精心为大自然敷彩着色、描容绘形，给读者展现了一幅绝妙的画卷。由描绘暮江到赞美月露，这中间似乎少了一个时间上的衔接，而"九月初三夜"的"夜"无形中把时间连接起来，它上与"暮"接，下与"露""月"相连，这就意味着诗人从黄昏时起，一直玩赏到"月"上"露"下，蕴含着诗人对大自然的喜爱之情。

【拓展】在诗人的眼里，大自然充满了情趣，露珠儿像颗颗闪亮的珍珠，月牙儿好似弯弓，多美好啊！用你善于发现美的眼睛，走进大自然，仿照诗的最后一句，运用恰当的修辞手法来一次小创作吧！

宿新市①徐公店②

【宋】杨万里

篱落③疏疏④一径⑤深⑥，树头⑦花落未成阴⑧。

儿童急走⑨追黄蝶，飞入菜花无处⑩寻。

【作者简介】见本书《小池》。

【注释】①新市：地名。今浙江省德清县新市镇，一说在今湖北省京山县东北。②徐公店：姓徐的人家开的酒店名。③篱落：篱笆。④疏疏：稀疏，稀稀落落的样子。⑤径：小路。⑥深：深远。⑦头：树枝头。⑧未成阴：新叶还没有长得茂盛浓密，未形成树

荫。⑨急走：奔跑。⑩无处：没有地方。

【意译】篱笆稀稀落落，一条小路通向远方，树上的花瓣纷纷飘落，新叶长出还尚未形成树荫。小孩子飞快地奔跑着追赶黄色的蝴蝶，可是蝴蝶飞入菜花就再也找不到了。

【赏析】这是一首描写暮春农村景色的诗歌，描绘了春意盎然的景象和可爱的儿童形象。诗人为官清廉，曾遭奸相嫉恨，被罢官后长期村居，对农村生活十分熟悉，描写自然、真切、感人，别有风趣。诗歌内容为诗人在徐公店住宿时所看到的景象：一片盛开黄色油菜花的田野。那里跑着高兴的儿童。他们在追扑黄色的蝴蝶。黄色蝴蝶飞进黄色的油菜花中，孩子们分不清哪是蝴蝶，哪是黄花，再也找不到蝴蝶了。诗人用简洁的语言生动地描写了美丽的田园风光，歌颂了大好的祖国山河。

【拓展】追蝴蝶，多么平凡的一件小事呀，可是童年的快乐就是那么简单，又那么难忘。你的童年生活里有哪些趣事呢？试着写一写，然后分享给同学们吧！

清平乐①·村居②

【宋】辛弃疾

茅檐③低小，溪上青青草。醉里吴音④相媚好⑤，白发谁家翁媪⑥？大儿锄豆⑦溪东，中儿正织⑧鸡笼。最喜小儿亡赖⑨，溪头卧⑩剥莲蓬。

【作者简介】辛弃疾（1140～1207年），字幼安，号稼轩，历城（今山东济南）人，南宋词人。他的词热情洋溢、慷慨激昂，笔触间充满爱国热情，也有不少吟咏祖国河山的作品。

【注释】①清平乐（yuè）：词牌名。②村居：题目。③茅檐（yán）：茅屋的屋檐。④吴音：吴地的方言。⑤相媚好：指相互逗趣、取乐。⑥翁媪（ǎo）：老翁、老妇。⑦锄豆：锄掉豆田里的草。⑧织：编织。⑨亡（wú）赖：这里指小孩顽皮、淘气；亡，通"无"。⑩卧：趴。

【意译】草屋的茅檐又低又小，溪边长满了翠绿的小草。含有醉意的吴地方言，听起来温柔又美好，那满头白发的是谁家的公婆父老？大儿子在溪东边的豆田锄草，二儿子正在家里编织鸡笼。最喜欢的顽皮的小儿子，正横卧在溪头草丛，剥着刚摘下的莲蓬。

【赏析】辛弃疾词中有不少作品是描写农村生活的佳作，其中，有风景画，也有农村的风俗画。这首《清平乐·村居》就是一幅栩栩如生、有声有色的农村风俗画。全词紧紧围绕着小溪布置画面，展开人物的活动。在写景方面，茅檐、小溪、青草，这本来是农村中司空见惯的东西，然而作者把它们组合在一个画面里，却显得格外清新优美。在写人方面，翁媪饮酒聊天，大儿子锄草，二儿子编鸡笼，小儿子卧剥莲蓬。通过这样简单的情节安排，就把一片生机勃勃、和平宁静、朴素安适的农村生活，真实地反映出来了，给人一种诗情画意、清新悦目的感觉。从作者对农村清新秀丽、朴素雅静的环境描写，对翁媪及其三个儿子形象的刻画，表现出词人喜爱农村和平宁静的生活。

【拓展】乡村生活对于诗人和久居城里的我们而言，是另一种

宁静安适的感受，你有过这样的乡村生活经历吗？请跟你的同学们说一说。

花　影

【宋】苏轼

重重叠叠①上瑶台②，几度③呼童④扫不开。

刚被太阳收拾去⑤，又叫⑥明月送将来⑦。

【作者简介】见本书《饮湖上初晴后雨》。

【注释】①重重叠叠：形容地上的花影一层又一层，很浓厚。②瑶台：华贵的亭台。③几度：几次。④童：男仆。⑤收拾去：指日落时花影消失，好像被太阳收拾走了。⑥叫：让。⑦送将来：指花影重新在月光下出现，好像是月亮送来的。将，语气助词，用于动词之后。这两句说：太阳落了，花影刚刚消失，明月升起，它又随着月光出现了。

【意译】亭台上的花影一层又一层，几次叫童儿去打扫，可是花影怎么扫走呢？傍晚太阳下山时，花影刚刚隐退，可是月亮又升起来了，花影又重重叠叠出现了。

【赏析】这是一首咏物诗，诗人用善于发现的眼睛去观察生活中普通的花影，借吟咏花影，抒发了自己想要有所作为，却又无可奈何的心情。全诗自始至终着眼于一个"变"字，写光的变化，写

花影的变化，传达出诗人内心的感情变化。

【拓展】光影变化本是生活中寻常的现象，在善于发现的眼睛里，它却带给了我们不一样的感受。你观察过哪些事物的影子，它在什么情况下会有怎样神奇有趣的变化呢？说说你发现的"影子的秘密"。

竹枝词①

【唐】刘禹锡

杨柳青青江水平，闻郎江上唱歌声。

东边日出西边雨，道是无晴②却有晴。

【作者简介】见本书《望洞庭》。

【注释】①竹枝词：乐府近代曲名，又名《竹枝》。原为四川东部一带民歌，唐代诗人刘禹锡根据民歌创作新词，多写男女爱情和三峡的风情，流传甚广。后代诗人多以《竹枝词》为题写爱情和乡土风俗。其形式为七言绝句。②晴：与"情"谐音。《全唐诗》也写作"情"。

【意译】杨柳青青江水宽又平，岸上少女听见情郎在江上对她唱歌。这好像黄梅季节晴雨不定的天气东边日出，西边下起雨，说是雨天，但是东方还出着太阳令人捉摸不定。

【赏析】这是刘禹锡模拟民间情歌的作品。第一句写女子眼前

所见。第二句写她耳中所闻。第三、四句写她听到熟悉的歌声之后的心理活动。这里晴雨的"晴",用来暗指感情的"情"。通过这两句极其形象又极其朴素的诗,把她的迷惘、眷恋、忐忑不安、希望和等待都刻画了出来。作者用谐声双关语表情达意,显得新颖可喜,引人注意。

【拓展】搜集描写本地风光和民俗的歌曲,体会歌曲表现的家乡人民热爱自然、热爱生活的思想感情。

蜂

【唐】罗隐

不论平地与山尖①,无限风光尽②被占③。

采得百花成蜜后,为谁辛苦为谁甜④。

【作者简介】罗隐,字昭谏,新城(今浙江杭州市富阳区新登镇)人,唐代诗人。

【注释】①山尖:山峰。②尽:都。③占:占其所有。④甜:醇香的蜂蜜。

【意译】无论是平地还是山峰,无限花开的风光,都被蜜蜂占领。它们采尽百花酿成蜜后,到头来又是在为谁忙碌、为谁酿造醇香的蜂蜜呢?

【赏析】这首诗赞美了蜜蜂辛勤劳动的高尚品格,也暗喻了作

者对不劳而获的人的痛恨和不满。蜂为酿蜜而劳苦一生，积累甚多而享受甚少。诗人罗隐着眼于这一点，用善于发现的眼睛，以独特的视角，写出这样一则寄意深远的"昆虫故事"，令人耳目一新。

【拓展】你喜欢小蜜蜂吗？请你拿起手中的画笔，试着完成一幅题画诗，先画一画小蜜蜂，再在旁边题上这首诗。

独坐敬亭山①

【唐】李白

众鸟高飞尽②，孤云独去闲③。

相看两不厌④，只有敬亭山。

【作者简介】见本书《古朗月行》。

【注释】①敬亭山：在今安徽宣城市北。《元和郡县志》记载："在宣城县北十里。山有万松亭、虎窥泉。"②尽：没有了。③孤云：陶渊明《咏贫士诗》中有"孤云独无依"的句子。独去闲：独去，独自去；闲，形容云彩飘来飘去，悠闲自在的样子。④两不厌：指诗人和敬亭山对视，谁都看不够谁。厌：满足。

【意译】群鸟高飞无影无踪，孤云独去自在悠闲。你看我，我看你，彼此之间怎么都看不够，只有我和眼前的敬亭山了。

【赏析】《独坐敬亭山》是李白表现自己精神世界的佳作。这首诗表面是写独游敬亭山的情趣，而其深含之意则是诗人生命历程

中旷世的孤独感。诗人以奇特的想象力和巧妙的构思,赋予山水景物以生命,将敬亭山拟人化,写得十分生动。作者写的是自己的孤独和怀才不遇,但更是自己的坚定,在大自然中寻求安慰和寄托。

【拓展】请你也和作者一样,到大自然中去走一走,与山水对话,说不定,你也能有一段"相看两不厌"的奇妙体验呢!

山亭夏日

【唐】高骈(pián)

绿树阴浓①夏日长,楼台倒影入池塘。

水晶帘②动微风起,满架蔷薇③一院香。

【作者简介】高骈(821~887年),唐末大将,字千里,南平郡王崇文孙,幽州(今北京西南)人。

【注释】①浓:指树丛的阴影很浓稠(深)。②水晶帘:一种质地精细而色泽莹澈的帘。比喻晶莹华美的帘子。③蔷薇:植物名。落叶灌木,茎细长,蔓生,枝上密生小刺,羽状复叶,小叶倒卵形或长圆形,花白色或淡红色,有芳香。花可供观赏,果实可以入药。亦指这种植物的花。

【意译】绿树蔽日,遍地浓荫,夏天白昼漫长。楼台的影子,倒映在池塘,宛若镜中美景。微风轻拂,水波荡漾,好像水晶帘幕轻轻摆动。满架蔷薇,艳丽夺目,院中早已弥漫阵阵清香。

【赏析】夏日正午前后最能给人以"夏日长"的感觉,"夏日长"是和"绿树阴浓"含蓄地连在一起的,绝非泛泛之笔。南宋诗人杨万里在《闲居初夏午睡起(其一)》中说"日长睡起无情思",就是描写的这种悠闲自在的情趣。

【拓展】请你把《闲居初夏午睡起(其一)》一诗找来读一读,体会古人的闲情逸致。

纳 凉

【宋】秦观

携杖来追柳外凉,画桥南畔倚①胡床②。

月明船笛参差起,风定池莲自在香。

【作者简介】秦观(1049~1100年),字少游,又字太虚,号淮海居士,高邮(今属江苏)人。早年游学于苏轼门下,文辞为苏轼所赏识。与黄庭坚、晁补之、张耒并称"苏门四学士"。著有《淮海集》。

【注释】①倚:倚靠。②胡床:胡床,即交椅,可躺卧。

【意译】携杖出门去寻找纳凉胜地,画桥南畔,绿树成荫,坐靠在胡床之上非常惬意。寂寂明月夜,参差的笛声响起,在耳边萦绕不绝,晚风初定,池中莲花盛开,幽香散溢,沁人心脾。

【赏析】诗人陶潜曾在《归去来兮辞》中写"倚南窗以寄

傲",是为了远离尘俗;秦观"倚胡床"以"追凉",是为了驱解烦热。二者都是对美好生活的向往,他们或多或少有相通之处。

【拓展】你在纳凉时看到了什么?听到了什么?有什么奇妙的体验?请你回忆当时的情景,并写下来。

望 岳

【唐】杜甫

岱宗①夫如何?齐鲁青未了②。

造化③钟神秀④,阴阳⑤割⑥昏晓。

荡胸⑦生曾⑧云,决⑨眦⑩入归鸟。

会当⑪凌绝顶,一览众山小。

【作者简介】见本书《绝句(两个黄鹂鸣翠柳)》。

【注释】①岱宗:指泰山。②了:完。③造化:大自然。④钟神秀:聚集天地间的一切神奇和秀丽;钟:聚集,集中。⑤阴:山的北面。阳:山的南面。⑥割:划分。⑦荡胸:涤荡心胸。⑧曾:同"层"。⑨决:裂开。⑩眦:眼眶。⑪会当:该当,终当。

【意译】五岳之首泰山的景象怎么样?从齐到鲁都可看到泰山苍翠的峰峦绵延不断。大自然把神奇秀美都聚集到泰山,山南山北,明暗不同。(山中)升起层层云气,(看后使人)心胸开阔

激荡。睁大眼睛远望,归巢飞鸟都尽收眼底。一定要登上泰山的顶峰,众多的山都显得低矮渺小。

【赏析】《望岳》这首诗通过描绘泰山雄伟磅礴的景象,赞美了泰山高大巍峨的气势和神奇秀丽的景色,流露出了作者对祖国山河的热爱之情。一二句写泰山山脉绵延辽阔;三四句赞美泰山雄峻磅礴;五六句是仔细远望,见群峰云生,仿佛有归鸟入谷;七八句想象将来登山所见景象,同时抒发自己的抱负。全诗以诗题中的"望"字统摄全篇,句句写望岳,但通篇并无一个"望"字,却能给人以身临其境之感。

【拓展】以家乡的山或者河为对象,或仰望,或俯视,写一首诗,抒发心中的感慨。

清 明①

【唐】杜牧

清明时节雨纷纷②,路上行人欲断魂③。

借问④酒家何处有?牧童遥指杏花村⑤。

【作者简介】见本书《山行》。

【注释】①清明:二十四节气之一,在阳历四月五日前后。旧俗当天有扫墓、踏青、插柳等活动。②纷纷:形容多。③欲断魂:形容伤感极深,好像灵魂要与身体分开一样。断魂:神情凄迷,烦

闷不乐。这两句是说：清明时候，阴雨连绵，飘飘洒洒下个不停；如此天气，如此节日，路上行人情绪低落，神魂散乱。④借问：请问。⑤杏花村：杏花深处的村庄。今在安徽贵池秀山门外。受此诗影响，后人多用"杏花村"作酒店名。

【意译】江南清明时节细雨纷纷飘洒，路上的行人个个因为伤感而落魄断魂。借问当地之人何处买酒浇愁？牧童笑而不答遥指杏花村。

【赏析】这一天正是清明佳节。诗人杜牧，在行路中间，可巧遇上了雨。清明，虽然是柳绿花红、春光明媚的时节，可也是气候容易发生变化的时候。远在梁代，就有人记载过：在清明前两天的寒食节，往往有"疾风甚雨"。若是正赶在清明这天下雨，还有个专名叫作"泼火雨"。诗人杜牧遇上的，正是这样一个日子。这首小诗，一个难字也没有，一个典故也不用，整篇是十分通俗的语言，写得自如之极，毫无经营造作之痕。音节十分和谐圆满，景象非常清新、生动，境界优美、兴味隐跃。

【拓展】查一查清明节的起源，了解有哪些习俗。办一张关于清明节的手抄报。

溪居①即事②

【唐】崔道融

篱外谁家不系③船，春风吹入钓鱼湾。

小童疑④是有村客，急向柴门去却⑤关⑥。

【作者简介】崔道融（生卒年待考），唐末诗人。自号东瓯散人，荆州（今湖北江陵县）人。早年曾游历陕西、湖北、河南、江西、浙江、福建等地。《全唐诗》录存其诗近八十首。与司空图为诗友，人称江陵才子。

【注释】①溪居：溪边村舍。②即事：对眼前的事物、情景有所感触而创作。③系（xì）：拴，捆绑。④疑：以为。⑤去却："却"是助词，去却意思为去掉。⑥关：门闩。

【意译】篱笆外面不知是谁家没有系好船只，春潮上涨小船被吹进了钓鱼湾。有一位小孩正玩得高兴，突然发现有船进湾来了，以为是村里来了客人，急急忙忙地跑回去，把柴门打开。

【赏析】这首诗纯用白描，不做作、不涂饰，朴素自然、平淡疏野，真可谓洗尽铅华，得天然之趣，因而诗味浓郁，意境悠远。诗人给读者展现出一幅素淡的水乡风景画：临水的村庄，疏疏落落的篱笆，碧波粼粼的溪水，飘荡的小船，奔走的儿童，掩闭的柴门。静中寓动，动中见静，一切和谐而富有诗意，使人感受到水乡

宁静、优美的意境和浓郁的乡村生活气息。而透过这一切，读者还隐约可见一位翘首捋须、悠然自得的诗人形象，领略到他那积极乐观的生活情趣和闲适舒坦的心情。

【拓展】小路弯弯，溪水淙淙，船儿悠悠，篱落疏疏，炊烟袅袅……好一幅宁静的乡村水墨画。现在祖国的新农村又如何呢？走到乡村去，做一份新农村的调查报告，感受祖国农村风光的变化。

观游鱼

【唐】白居易

绕池闲步①看鱼游，正值儿童弄钓舟。

一种爱鱼心各异，我来施食②尔垂钩。

【作者简介】见本书《池上》。

【注释】①闲步：散步。②施食：喂食、丢食。

【意译】闲下来围着水池看着水里的鱼自由地游动，正好遇到小童摆弄钓鱼船。一样地喜欢鱼但是心态却不一样，我来喂食你却来垂钓。

【赏析】此诗描绘了一幅平淡普通的生活场景，池畔观鱼，有儿童在垂钩钓鱼。作者有感而发，表现了同是喜欢鱼却采用了两种完全不同的方式，流露出淡淡的无奈。同样一种爱鱼心，反映在目的上、表现在行动中，却是这样的不同，各持一端，互不相让。爱

鱼之心人各有异,"我"爱鱼给鱼施食,盼它长大;"你"却垂钩钓鱼,只为图乐。两种心情是何等不同啊!即景写情,对比强烈,极易发人深思,从中引出"心各异"的情状和道理来。于平淡中见新奇,韵味悠长。

【拓展】观赏一两种喜欢的小动物,把它们的形态描写或者画下来。

桑茶坑①道中

【宋】杨万里

晴明风日雨干时,草满花堤水满溪。

童子②柳阴③眠正着,一牛吃过柳阴西。

【作者简介】见本书《小池》。

【注释】①桑茶坑:地名,在安徽泾县。②童子:儿童;未成年的男子。③柳阴:柳下的阴影。诗文中多以柳荫为游憩佳处。

【意译】雨后的晴天,风和日丽,地面上的雨水已经蒸发得无踪无影,小溪里的流水却涨满河槽,岸边野草繁茂,野花肆意开放。堤岸旁的柳荫里,一位小牧童躺在草地上,睡梦正酣。而那头牛只管埋头吃草,越走越远,直吃到柳林西面。

【赏析】这首诗描写的是初春景物,刚下过一阵雨,暖日和风,溪水盈盈。河岸上,草绿花红,柳荫浓密。这些描写渲染出

明媚、和暖的氛围和生机无限的意境。前两句写由雨而晴，由湿而干，溪水由浅而满，花草于风中摇曳，大自然充满了春的律"动"；第三句写出了牧童柳荫下酣睡的自然悠闲的"静"，加上第四句"一牛吃过柳阴西"的时动时静，形成了这首诗独特的生活情趣和原始朴素的美感。

【拓展】雨过天晴，放牛的牧童酣睡，这是一幅人与动物、与大自然和谐相处的美丽画卷。请尝试写人与动物或者大自然和谐相处的画面或故事。

游山西村

【宋】陆游

莫笑农家腊酒①浑，丰年留客足鸡豚②。

山重水复③疑无路，柳暗花明④又一村。

箫鼓⑤追随春社近，衣冠简朴古风存⑥。

从今若许⑦闲乘月，拄杖无时⑧夜叩门⑨。

【作者简介】陆游（1125～1210年），字务观，号放翁，南宋文学家、史学家、著名爱国诗人。与王安石、苏轼、黄庭坚并称"宋代四大诗人"，又与杨万里、范成大、尤袤合称"中兴四大诗人"。

【注释】①腊酒：腊月里酿造的酒。②足鸡豚（tún）：意思是

准备了丰盛的菜肴。足：足够，丰盛。豚，小猪，诗中代指猪肉。③山重水复：一座座山、一道道水重重叠叠。④柳暗花明：柳色深绿，花色红艳。⑤箫鼓：吹箫打鼓。春社：古代把立春后第五个戊日作为春社日，拜祭社公（土地神）和五谷神，祈求丰收。⑥古风存：保留着淳朴古代风俗。⑦若许：如果这样。闲乘月：有空闲时趁着月光前来。⑧无时：没有一定的时间，即随时。⑨叩（kòu）门：敲门。

【意译】不要笑农家腊月里酿的酒浑浊不醇厚，丰收的年景农家待客菜肴非常丰盛。山峦重叠水流曲折正担心无路可走，忽然柳绿花艳间又出现一个山村。吹着箫打起鼓春社的日子已经接近，布衣素冠，淳朴的古代风俗依旧保留。今后如果还能乘大好月色出外闲游，我一定拄着拐杖随时来敲你的家门。

【赏析】这首诗生动地描画出一幅色彩明丽的农村风光，对淳朴的农村生活习俗，流溢着喜悦、挚爱的感情。整首诗既写出山西村山环水绕，花团锦簇，春光无限；又富于哲理，表现了人生变化发展的某种规律性，在逆境中往往蕴涵着无限的希望，令人回味无穷。人们可以从中领悟到蕴含的生活哲理——不论前路多么难行难辨，只要坚定信念，勇于开拓，人生就能"绝处逢生"，重现一个充满光明与希望的新境界。

【拓展】你有过乡村游的经历吗？那里的风景有什么特别之处？你在那里开展了哪些有趣的活动？你喜欢这样的乡村生活吗？说一说，写一写。

黄鹤楼

【唐】崔颢（hào）

昔人①已乘黄鹤去，此地空余黄鹤楼。

黄鹤一去不复返，白云千载空悠悠。

晴川②历历③汉阳树，芳草萋（qī）萋④鹦鹉洲。

日暮乡关何处是，烟波⑤江上使人愁。

【作者简介】 崔颢，唐代诗人。汴州（今河南省开封市）人。《全唐诗》存其诗四十二首。

【注释】 ①昔人：过去的人。这里指传说中乘鹤的仙人。②晴川：晴空下的汉江。③历历：清晰分明。④萋萋：草长得茂盛。⑤烟波：雾蒙蒙的水面。

【意译】 昔日的仙人已经骑着黄鹤飞去了，这里只留下一座空荡荡的黄鹤楼。黄鹤飞走了再也没有回来，千百年来只看见悠悠白云。阳光照耀下，汉阳的树木清晰可见，鹦鹉洲上芳草如茵。天色已晚，故乡在哪儿呢？眼前只见一片雾霭笼罩着江面，使人平添无限的乡愁。

【赏析】《黄鹤楼》是唐代诗人崔颢创作的一首七言律诗。这首诗描写了在黄鹤楼上远眺的美好景色，是一首吊古怀乡之佳作。

首联巧用典故由仙人乘鹤归去引出黄鹤楼；颔联紧承首联，说自从仙人离去，黄鹤楼已经历经千百年之久；颈联诗意一转，进入景物描写，写晴日在黄鹤楼所见之景；尾联以写烟波江上日暮怀归之情作结，使诗意重归于开头那种渺茫不可见的境界。全诗虽不协律，但音节嘹亮而不拗口，信手而就，一气呵成；情景交融，意境深远。

【拓展】攀登住处附近的亭台楼阁，写出或者画出你所看到的美景，感受自然景观，表达对大自然的热爱之情。

春江花月夜①

【唐】张若虚

春江潮水连海平，海上明月共潮生。

滟滟②随波千万里，何处春江无月明！

【作者简介】张若虚，唐代诗人，扬州（今属江苏）人。与贺知章、张旭、包融并称"吴中四士"。《全唐诗》仅存其诗二首，而这首《春江花月夜》又是最著名的一首，它号称以"孤篇横绝全唐"，奠定了张若虚在唐代文学史中的不朽地位。

【注释】①《春江花月夜》是唐代诗人张若虚的诗作，全诗共三十六句，本篇节选其中四句。②滟（yàn）滟：波光荡漾的样子。

【意译】春天的江潮水势浩荡，与大海连成一片，一轮明月从海上升起，好像与潮水一起涌出来。月光照耀着春江，随着波浪闪

耀千万里，所有地方的春江都有明亮的月光。

【赏析】《春江花月夜》一诗沿用陈隋乐府旧题，运用富有生活气息的清丽笔调，以月为主体，以江为场景，描绘了一幅幽美邈远、惝恍迷离的春江月夜图，抒写了游子思妇真挚动人的离情别绪，以及富有哲理的人生感慨，表现了一种迥绝的宇宙意识，创造了一个深沉、寥廓、宁静的境界。

【拓展】观赏月夜下的河、湖的美好景色，并展开联想，写一篇短文。

高年级

诵读诗选

蝉

【唐】虞世南

垂緌①饮清露②，流响③出疏④桐。

居高声自远，非是藉⑤秋风。

【作者简介】虞世南，唐代诗人（558~638年），字伯施。唐初政治家，书法家，文学家。为人沉静寡欲，志性刚烈正直，深得唐太宗器重。

【注释】①垂緌（ruí）：古人结在颔（hàn）下的帽缨（yīng）的下垂部分，形状与蝉的头部伸出的触须，有些相似。②清露：纯净的露水。古人以为蝉是喝露水生活的（其实是刺吸植物的汁液）。③流响：指连续不断的蝉鸣声。④疏：开阔、稀疏。⑤藉（jiè）：凭借。

【意译】蝉垂下像帽缨一样的触角吸吮着清澈甘甜的露水，响亮的声音从挺拔疏朗的梧桐树枝间传出。蝉正是因为身在高处，它的声音才能传得远，并非是凭借秋风的力量。

【赏析】这是一首咏物诗，咏物中尤多寄托，具有浓郁的象征性。该诗句句写的是蝉的形体、习性和声音，而句句又暗示着诗人高洁清远的品行志趣，物我互释，咏物的深层意义是咏人。诗的关键是把握住了蝉的某些别有意味的具体特征，从中找到了艺术上的

契合点。作者以高洁的蝉自比,说只要栖桐饮露、立身高洁,则声名自远,而无须凭借外物的力量。

【拓展】你还读过哪些与小动物有关的诗句,请找出来读一读,感受它们的特别之处。

山居①秋暝②

【唐】王维

空山③新④雨后,天气晚来秋⑤。

明月松间照,清泉石上流。

竹喧⑥归浣女⑦,莲动下渔舟。

随意春芳歇⑧,王孙⑨自可留。

【作者简介】见本书《画》。

【注释】①山居:山中的住所。②暝(míng):日落,天色将晚。③空山:空旷而寂静的山野。④新:刚刚。⑤晚来秋:夜晚天气渐凉更有秋意。⑥竹喧:竹林中笑语喧哗。喧:喧哗。⑦浣(huàn)女:洗衣服的女子。浣,洗。⑧春芳歇:春天的花草凋谢了。春芳:花草。歇:干枯。⑨王孙:原指贵族子弟,后来也泛指隐居的人。

【意译】新雨过后山谷里空旷清新,深秋傍晚的天气特别凉

爽。明月映照在幽静的松林间，清清的泉水在山石上叮咚流淌。竹林中传来姑娘们洗衣归来的欢声笑语，收网返回的渔船荡起莲叶轻轻晃动。春天的美景已渐渐消逝，眼前的秋景仍足以令人流连。

【赏析】此诗描绘了秋雨初晴后，傍晚时分山村的旖（yǐ）旎（nǐ）风光，和山居村民的淳朴风尚，表现了诗人寄情山水田园，并对隐居生活怡然自得的心情，以自然美来表现人格美和社会美。全诗将空山雨后的秋凉、松间明月的光照、石上清泉的声音，以及浣女归来竹林中的喧笑声、渔船穿过荷花的动态，和谐完美地融合在一起，给人一种丰富新鲜的感受。它像一幅清新秀丽的山水画，又像一支恬静优美的抒情乐曲，体现了王维诗中有画的创作特点。

【拓展】请欣赏由这首诗改编的歌曲，学习吟唱，编创动作，和同学一起表演。

渔歌子①

【唐】张志和

西塞山②前白鹭飞，桃花流水③鳜鱼④肥。

青箬笠⑤，绿蓑衣⑥，斜风细雨不须归。

【作者简介】张志和（732～774年），字子同，初名龟龄，婺（wù）州（今浙江金华）人，自号"烟波钓徒"，又号"玄真子"，唐代著名词人和诗人。作品多写隐居闲散的生活。

【注释】①渔歌子：原是曲调名，后来人们根据此曲填词，又成为词牌名。②西塞山：今浙江省湖州市西面。一说在湖北省黄石市。③桃花流水：桃花盛开的季节正是春水多涨的时候，俗称桃花汛或桃花水。④鳜（guì）鱼：即民间所说的鲤鱼，味道鲜美。⑤箬（ruò）笠：叶或竹篾（miè）做的斗笠。箬：一种竹子。⑥蓑（suō）衣：用草或棕编制成的雨衣。

【意译】西塞山前的白鹭在自由自在地飞翔，桃花盛开，春水初涨，鳜鱼长得又大又肥。江面的小船上，一位老翁戴着青色箬笠，披着绿色蓑衣，冒着微风细雨在钓鱼。他被江南春天美丽的景色迷住了，久久不愿离去。

【赏析】这首词开头两句写垂钓的地方和季节。这两句里，出现了山、水、鸟、花、鱼，勾勒了一个垂钓的优美环境，为人物出场做好了铺垫。词的后两句写烟波上垂钓。尾句里的"斜风细雨"既是实写景物，又另含深意。这首词通过对自然风光和渔人垂钓的赞美，表现了作者向往自由生活的心情。

【拓展】西塞山的美丽景色让作者流连忘返，你最喜欢哪个地方？它有什么特别之处？写出你喜欢的理由。

鸟鸣涧①

【唐】王维

人闲②桂花落,夜静春山空③。

月出惊④山鸟,时鸣⑤春涧中。

【作者简介】 见本书《画》。

【注释】 ①鸟鸣涧:鸟儿在山涧中鸣叫。涧:两山之间的小溪。②闲:安静、悠闲,含有人声寂静的意思。③空:空寂、空空荡荡。这里形容山中寂静,无声,好像空得什么也没有。④惊:惊动,惊扰。⑤时鸣:偶尔啼叫。时:时而,偶尔。

【意译】 春天的桂花轻轻掉落,夜深人静,山野显得十分空旷。月亮出来了,惊动了栖息的鸟儿,时而从山涧里传来声声鸣叫。

【赏析】 此诗描绘山间春夜中幽静而美丽的景色,侧重于表现夜间春山的宁静幽美。全诗紧扣一"静"字着笔,极似一幅风景写生画。诗人用花落、月出、鸟鸣等活动的景物,突出地显示了月夜春山的幽静,取得了以动衬静的艺术效果,生动地勾勒出一幅"鸟鸣山更幽"的诗情画意图。全诗旨在写静,却以动景处理,这种反衬的手法极见诗人的禅心与禅趣。

【拓展】 苏轼曾称赞王维的诗句"诗中有画",请你给这首诗配上图画,在绘画中回味诗中美丽的景色。

乡村四月

【宋】翁卷

绿遍山原①白满川②，子规③声里雨如烟④。

乡村四月闲人少，才⑤了⑥蚕桑⑦又插田。

【作者简介】翁卷，字续古，一字灵舒，永嘉（今属浙江温州乐清）人，南宋诗人，与赵师秀、徐照、徐玑（jī）并称"永嘉四灵"，其中翁卷最年长。《乡村四月》是他的代表作。

【注释】①山原：山岭和田野。②白满川：指绿色的山岭、原野和大片的水田映照着天的亮光。川：山岭，平地，田野。③子规：鸟名，又叫杜鹃、布谷鸟。初夏时常日夜不停地鸣叫。④雨如烟：细雨蒙蒙，望上去像烟一样。⑤才：刚刚。⑥了：料理完。⑦蚕桑：种桑养蚕。桑：桑树，蚕的主要食物。

【意译】茂盛的山坡、原野和平整的水田映照着天的亮光；杜鹃啼叫，细雨如烟，乡村一片欣欣向荣的景象。四月到了，农活多了，乡里没有人闲着，在田里忙开了。刚刚忙完了桑树和养蚕的事，又要到稻田里插秧去了。

【赏析】这首诗以清新明快的笔调，出神入化地描写了江南农村初夏时节的旖旎风光，表达了诗人对乡村生活的热爱之情。前两句写自然景象。"绿"，写树木葱郁，"白"，写水光映天。诗人

从视觉角度着眼,描绘出明丽动人的山水色彩。第二句不仅以烟喻雨,写出了江南梅雨特有的景致,而且以催耕的鸟声,平添了无限的生机。后两句写农家的繁忙。"乡村四月闲人少"一句,绘尽农家四月人繁忙的景象。而第四句以"蚕桑"照应首句的"绿遍山原",以"插田"照应首句的"白满川",一个"才"和一个"又"两个虚字极富表现力,不言"忙"而"忙"意自现。全篇语言朴实生动,风格平易自然,富有生活气息,表达了作者对农民辛勤劳动的赞美之情。

【拓展】农忙时节,农民伯伯都会做些什么呢?请你根据自己的观察和了解说一说,写一写。

四时田园杂兴

【宋】范成大

梅子①金黄杏子肥②,麦花③雪白菜花稀④。

日长⑤篱落⑥无人过,唯有蜻蜓蛱蝶⑦飞。

【作者简介】范成大,字致能,号石湖居士,平江吴郡(今江苏苏州)人。南宋诗人,与陆游、杨万里、尤袤(mào)齐名,为"南宋四大家"之一。他是中国古代田园诗的集大成者,最能体现其诗歌特色的就是其晚年所作的《四时田园杂兴》六十首。

【注释】①梅子:梅树的果实,于夏季成熟可吃。②肥:指果

实大而饱满。③麦花：荞麦花。④稀：稀疏（shū），指油菜花谢落，开始结籽。⑤日长：指夏天的白天很长。⑥篱（lí）落：篱笆。用竹子或树枝编成，充当围栏、院墙。⑦蛱（jiá）蝶：蝴蝶的一种，翅膀为赤黄色，有黑色的条纹。

【意译】一树树梅子变成金黄色，杏子也越长越大；荞麦花一片雪白，油菜花已变得稀稀疏疏。白天长了，篱笆的影子随着太阳的升高变得越来越短，没有人经过，只有蜻蜓和蝴蝶绕着篱笆飞来飞去。

【赏析】《四时田园杂兴》（题意：四个时节田园的各种兴致）共60首，宛如农村生活的长幅画卷。分为春日、晚春、夏日、秋日和冬日（各为12首）五个篇章，描写了四个季节田园中的不同景象，生动绘制了一幅田园农作动态图。这首诗写初夏、晚春江南的田园景色。诗中用梅子黄、杏子肥、麦花白、菜花稀，写出了夏季南方农村景物的特点，有花有果，有色有形。前两句写出梅黄杏肥，麦白菜稀，色彩鲜丽。诗的第三句，从侧面写出了农民劳动的情况。最后一句又以"惟有蜻蜓蛱蝶飞"来衬托村中的寂静，静中有动，显得更静。后两句写出昼长人稀，蜓飞蝶舞，以动衬静。诗人用清新的笔调，对农村初夏时的紧张劳动气氛，做了颇为细腻的描写，读来意趣横生。

【拓展】作者描绘了夏季的美好画面。你喜欢夏季吗？为什么？和同学们交流。

稚子弄冰

【宋】杨万里

稚子①金盆②脱晓冰③,彩丝穿取当银铮④。

敲成玉磬⑤穿林响,忽作玻璃⑥碎地声。

【作者简介】 见本书《小池》。

【注释】 ①稚(zhì)子:小孩子。②金盆:铜铁之类制成的盆。③脱晓冰:指儿童早晨从结成坚冰的铜盆里剜(wān)冰。④铮:古代一种像锣的乐器。⑤玉磬(qìng):古代一种玉石制成的打击乐器,形状像曲尺。⑥玻璃:指古时候的一种天然玉石,也叫水玉,并不是现在的玻璃。

【意译】 早上起来,小孩子从铜盆里挖出结成的很厚很硬的冰,用彩丝线穿起来当铮(zhēng)来敲,敲出的声音像玉磬一般穿越树林。忽然传出清脆的像玻璃落地的声音,原来小孩子把它敲破摔碎了。

【赏析】 诗中孩子弄冰的场景,充满了乐趣:心态上,寒天"弄冰",童心炽热;色泽上,"金"盘"彩"丝串"银"冰;形态上,是用"金盘"脱出的"银铮",圆形;声音上,有"玉磬穿林响"的高亢,忽又转作"玻璃碎地声"的清脆。全诗形色兼具以感目,声意俱美以悦耳赏心,绘声绘色地表现出儿童以冰为铮、自

得其乐的盎然意趣。全诗突出一个"稚"字。稚气和乐趣能使儿童忘却严冬的寒冷,保持一如既往的活力和快乐。诗人发自内心地尊重儿童的天真,才能把孩子玩冰的情趣描绘得如此真切酣畅。

【拓展】当稚子"敲成玉磬穿林响"的时候,他们会是怎样的神态与表情?当"银铮"破碎后,他们又会是什么样的反应?请写出你的想象。

村 晚

【宋】雷震

草满池塘水满陂①,山衔②落日浸③寒漪④。

牧童归去横牛背⑤,短笛无腔⑥信口⑦吹。

【作者简介】雷震,宋朝人,生平不详。其诗见《宋诗纪事》卷七十四。

【注释】①陂(bēi):池塘。②衔(xián):口里含着。此指落日西沉,半挂在山腰,像被山咬住了。③浸:淹没。④寒漪:带有凉意的水纹。漪(yī),水波。⑤横牛背:横坐在牛背上。⑥腔:曲调。⑦信口:随口。

【意译】四周长满青草的池塘里,池水灌得满满的,太阳正要落山,即将落山的红红的"火球"好像要被山吃掉一样,落日的影子倒映在冰凉的池水波纹中。放牛回家的孩子横坐在牛背上,拿着

短笛随便地吹奏着不成调的曲子。

【赏析】《村晚》的写景文字集中在一、二两句,写的是山村晚景。诗人把池塘、山、落日三者有机地融合起来,描绘了一幅非常幽雅美丽的图画,为后两句写牧童出场布置了背景。瞧,"草满池塘水满陂",两个"满"字,写出仲夏时令的景物特点,写出了景色的生机一片;"山衔落日浸寒漪",一个"衔",写日落西山,拟人味很浓,一个"浸",写山和落日倒映在水中的形象,生动形象。"横"字表明牧童不是规矩地骑,而是随意横坐在牛背上,表现了牧童的调皮可爱,天真活泼,淳朴无邪。这些景物,色彩和谐,基调清新,有了这样的环境,那牧童自然就是悠哉悠哉、其乐融融的了。同时,也表现出了牧童无忧无虑,悠闲自在的情致。

【拓展】找机会实地感受"山衔落日浸寒漪"是怎样一幅动人的画面,然后将你看到的、感受到的与诗句结合起来谈谈体会。

宿建德江①

【唐】孟浩然

移舟②泊③烟渚④,日暮客⑤愁新。

野旷天低树⑥,江清月近人⑦。

【作者简介】见本书《春晓》。

【注释】①建德江:指新安江流经建德(今属浙江)西部的一

93

段江水。②移舟：划动小船。③泊：停船靠岸。④烟渚（zhǔ）：指江中雾气笼罩的小沙洲。烟：一作"幽"。渚：水中小块陆地。⑤客：指作者自己。⑥天低树：天幕低垂，好像和树木相连。⑦月近人：倒映在水中的月亮好像来靠近人。

【意译】把船停泊在烟雾弥漫的沙洲旁，日暮时分新愁又涌上游子心头。旷野中远处的天空比近处的树林还要低，江水清清明月仿佛更与人相亲。

【赏析】这首诗描写秋江暮色。先写羁旅夜泊，再叙日暮添愁；然后写到宇宙广袤宁静，明月伴人更亲。一隐一现，虚实相间，两相映衬，互为补充，构成一个特殊的意境。诗中虽不见"愁"字，但野旷江清，秋色历历在目。全诗淡而有味，含而不露；自然流出，风韵天成，颇有特色。

【拓展】带着愉悦的心情去月下漫步，感受如水的月光、动人的夜景。

六月二十七日望湖楼①醉书

【宋】苏轼

黑云翻墨②未遮山，白雨③跳珠乱入船。

卷地风来④忽吹散，望湖楼下水如天⑤。

【作者简介】见本书《饮湖上初晴后雨》。

【注释】①望湖楼:古建筑名,又叫看经楼。位于杭州西湖畔,五代时吴越王钱弘俶(又名钱弘)所建。②翻墨:打翻的黑墨水,形容云层很黑。③白雨:指夏日阵雨的特殊景观,因雨点大而猛,在湖光山色的衬托下,显得白而透明。④卷地风来:指狂风席地卷来。⑤水如天:形容湖面像天空一般开阔而且平静。

【意译】乌云上涌,就如墨汁泼下,却又在天边露出一段山峦,明丽清新,大雨激起的水花如白珠碎石,飞溅入船。忽然间狂风卷地而来,吹散了满天的乌云,而那西湖的湖水碧波如镜,明媚温柔。

【赏析】这首诗描绘望湖楼所见的美丽雨景。诗题中的"醉",是既醉于酒,更醉于山水之美,激情澎湃,赋成佳作。前两句写乌云骤聚,大雨突降。"未"字突出了天气变化之快,"翻墨"写云的来势,"跳珠"描绘雨点飞溅的情态,"跳""乱"写出了暴雨之大、雨点之急,"黑云""白雨"形成强烈的色彩对比,给人以很强的质感。后两句描绘天气由骤雨到晴朗转变之快,令人心清气爽,境界大开。"忽"字用得十分轻巧,却突出了天色变化之快,显示了风的巨大威力。

【拓展】写一段文字,描写风雨之后彩虹出现的美景。

西江月①·夜行黄沙②道中

【宋】辛弃疾

明月别枝惊鹊③,清风④半夜鸣蝉。稻花香里说丰年。听取蛙声一片。七八个星天外,两三点雨山前。旧时⑤茅店⑥社林⑦边。路转溪桥忽见⑧。

【作者简介】见本书《清平乐·村居》。

【注释】①西江月:词牌名。②黄沙:黄沙岭,在江西上饶的西面。③别枝惊鹊:惊动喜鹊飞离横斜的树枝。④清风:清凉的风。⑤旧时:往日。⑥茅店:茅草盖的乡村客店。⑦社林:土地庙附近的树林。社,土地庙。古时,村有社树,为祀神处,故曰社林。⑧见:同"现",显现,出现。

【意译】皎洁的月光从树枝间掠过,惊飞了枝头喜鹊,清凉的晚风吹来,仿佛听见了远处的蝉叫声。在稻花的香气里,耳边传来一阵阵青蛙的叫声,好像在讨论,说今年是一个丰收的好年景。天空乌云密布,星星闪烁,忽明忽暗,山前下起了淅淅沥沥的小雨。往日的小茅草屋还在土地庙的树林旁,道路转过溪水的源头,它便忽然出现在眼前。

【赏析】这首词是辛弃疾在上饶期间所作,抒写夏夜山道的景物和词人的感受。开头两句动中寓静,把半夜"清风""明月"下

的景色描绘得令人神往。接下来两句把关注点转到漫村遍野的稻花香，又联想到即将到来的丰年景象，以蛙声说丰年，极富创造性。下阕头两句中，寥落的疏星、轻微的阵雨，与上阕的清幽夜色、恬静气氛和乡土气息相吻合。"路转"和"忽见"，表现出作者骤然间临近旧屋的欢欣，和沉浸在稻花香中忘了道途远近的入迷程度。

【拓展】大自然的哪一种声音令你印象最深刻，让你产生了许多遐想？请用一段优美的文字描绘出来。

春 日①

【宋】朱熹

胜日②寻芳③泗水④滨⑤，无边光景⑥一时新。

等闲识得⑦东风⑧面，万紫千红总是春。

【作者简介】朱熹，又称紫阳先生、考亭先生、沧州病叟、云谷老人、逆翁。南宋著名的理学家、思想家、哲学家、教育家、诗人，闽学派的代表人物，世称朱子，是孔子、孟子以来最杰出的弘扬儒学的大师。

【注释】①春日：春天。②胜日：天气晴朗的好日子，也可看出人的好心情。③寻芳：游春，踏青。④泗水：河名，在山东省。⑤滨：水边，河边。⑥光景：风光风景。⑦等闲：平常、轻易。"等闲识得"是容易识别的意思。⑧东风：春风。

【意译】风和日丽在泗水之滨游春,无边无际的风光焕然一新。谁都可以看出春天的面貌,春风吹得百花开放、万紫千红,到处都是春天的景致。

【赏析】这首诗是一首寓理趣于形象的哲理诗。首句点明时间、主题、地点,"泗水滨"是孔子弦歌讲学之处,并非实写。第二句描写观赏春景中获得的初步印象,写出了作者郊游时耳目一新的欣喜感觉。后两句具体描绘光景之新,抒写寻芳所得。"东风面"把春气、春景拟人化,把"识"字落到实处。末句说这万紫千红的景象全是由春光点染而成的,"万紫千红"近承"东风面",远承"无边光景",运用对偶修辞,意象色彩强烈。诗人将圣人之道比作催发生机、点燃万物的春风,而不露说理的痕迹。

【拓展】把"万紫千红总是春"这句诗扩展成一幅生动的画面,用优美的文字加以描写。

浪淘沙①

【唐】刘禹锡

九曲②黄河万里沙③,浪淘风簸④自天涯⑤。
如今直上银河去,同到牵牛⑥织女家。

【作者简介】见本书《望洞庭》。

【注释】①浪淘沙:唐教坊曲名。创自刘禹锡、白居易,其形

式为七言绝句。后又用为词牌名。②九曲：自古相传黄河有九道弯。形容弯弯曲曲的地方很多。③万里沙：黄河在流经各地时挟带大量泥沙。④浪淘风簸：黄河卷着泥沙，风浪滚动的样子。浪淘：波浪淘洗。簸：掀翻，上下簸动。⑤自天涯：来自天边。牵牛织女：银河系的两个星座名。自古相传，织女为天上仙女，下凡到人间，和牛郎结为夫妇。后西王母召回织女，牛郎追上天，西王母罚他们隔河相望，只准每年七月七日的夜晚相会一次。⑥牵牛：即传说中的牛郎。

【意译】万里黄河弯弯曲曲挟带着泥沙，波涛滚滚如飓风掀簸来自天涯。如今好像要直飞上高空的银河，请你带上我扶摇直上，一起去寻访牛郎织女的家。

【赏析】这首绝句模仿淘金者的口吻，表明他们对淘金生涯的厌恶和对美好生活的向往。同是在河边生活，牛郎织女生活的天河恬静而优美，黄河边的淘金者却整天在风浪泥沙中讨生活。直上银河，同访牛郎织女，寄托了他们心底对宁静的田园牧歌生活的憧憬。这种浪漫的理想，以豪迈的口吻倾吐出来，有一种朴素无华的美。

【拓展】找一找其他描写黄河景色的诗，说说它们主要写出黄河怎样的特点。

书①湖阴先生②壁

【宋】王安石

茅檐③长扫净无苔④，花木成畦⑤手自栽。

一水护田⑥将绿绕，两山排闼⑦送青来。

【作者简介】见本书《梅花》。

【注释】①书：书写，题诗。②湖阴先生：本名杨德逢，隐居之士，是王安石晚年居住金陵（今江苏南京）紫金山时的邻居。③茅檐：茅屋檐下，这里指庭院。④无苔：没有青苔。⑤成畦（qí）：成垄成行。畦：经过修整的一块块田地。⑥护田：这里指护卫环绕着园田。⑦排闼（tà）：开门。闼：小门。

【意译】茅草房庭院经常打扫，洁净得没有一丝青苔。花草树木成行成垄，都是主人亲手栽种。庭院外一条小河保护着农田，将绿苗紧紧环绕，两座青山打开门来为人们送去绿色。

【赏析】这首诗题写在湖阴先生家屋壁上。前两句写他家的环境洁净清幽，暗示主人公生活情趣的高雅。"无苔"二字举重若轻，别具只眼。"成畦"二字有力地暗示出花木的丰美，既整齐又不单调。后两句转到院外，写山水对湖阴先生的深情。暗用"护田"与"排闼"两个典故，把山水化成具有生命感情的形象，主动与人相亲，表现出人的高洁。运用对偶、拟人、借代的修辞手法，

写得有情有趣。"排闼"二字，更是神来之笔，山色不只是深翠欲滴可掬，而竟似扑向庭院而来，给读者极为新鲜、生动的美感。

【拓展】美好的生活是靠劳动创造出来的。请你用一段话描述自己参与劳动实践的过程和感受。

春夜喜雨

【唐】杜甫

好雨①知时节，当春乃②发生③。

随风潜④入夜，润物⑤细无声。

野径⑥云俱⑦黑，江船⑧火独⑨明。

晓⑩看红湿处⑪，花重⑫锦官城⑬。

【作者简介】见本书《绝句（两个黄鹂鸣翠柳）》。

【注释】①好雨：指春雨，及时的雨。②乃：就。③发生：催发植物生长，萌发生长。④潜：暗暗地，静悄悄地。⑤润物：雨水滋养植物。⑥野径：田野间小路。⑦俱：全，都。⑧江船：江面上的渔船。⑨独：独自，只有。⑩晓：早晨。⑪红湿处：指带有雨水的红花的地方。⑫花重（zhòng）：花沾上雨水变得饱满沉重。⑬锦官城：故址在今成都市南，亦称锦城。三国蜀汉管理织锦之官驻此，故名。后人又用作成都的别称。也代成都。

【意译】 及时的雨好像知道季节似的,在春天来到的时候就伴着春风在夜里悄悄地下起来,无声地滋润着万物。田野小路的上空一片黑暗,只有江边渔船上的一点渔火闪着光芒,显得分外明亮。等天亮了,那潮湿的土地上一定落满了红色的花瓣,锦官城的大街小巷也将是一片姹紫嫣红的景象。

【赏析】 这是描绘春夜雨景,表现喜悦心情的名作。开头用"好"字赞美"雨",把雨拟人化,"知"字用得传神。颔联从听觉写雨的"发生","潜""润""细"等生动地写出了雨的特点。颈联从视觉写夜雨景象,"黑"与"明"相互映衬,点明云厚雨足,给人强烈美感。尾联想象雨后清晨锦官城的迷人景象。"红湿""花重"等字表现出诗人体物细腻。

【拓展】 当春雨再降临的时候,去田地里看看被滋润的庄稼,仔细聆听它们的喜悦。写一写你听到它们说了什么。

江畔独步①寻花②

【唐】杜甫

黄四娘家花满蹊③,千朵万朵压枝低。

留连④戏蝶时时舞,自在娇⑤莺恰恰⑥啼。

【作者简介】 见本书《绝句(两个黄鹂鸣翠柳)》。

【注释】 ①独步:一个人散步或走路。②寻花:找到花仔细欣

赏。③花满蹊（qī）：指花已经占满了小路。蹊：小路。④留连：舍不得离开。⑤娇：可爱的。⑥恰恰：象声词，形容鸟叫声和谐动听。

【意译】黄四娘家的小路上开满了鲜花，千朵万朵压垂了枝条。嬉戏流连的彩蝶不停地飞舞，黄莺叫得十分和谐动听。

【赏析】这首小诗运用移情于物的手法，使物我交融，情景相生，亲切有味。首句点明寻花的地点。第二句中"压"和"低"用得十分贴切、生动，形象地描绘了春花密密层层，又大又多，是上句"满"字的具体化。第三句通过蝴蝶流连从侧面写出春花的鲜艳芬芳。第四句认为黄莺特意为自己歌唱，表现出诗人内心欢愉。

【拓展】大家一起描述春天繁花盛开，争奇斗艳的景象，看谁说得更生动、更形象。

早春呈①水部张十八员外②

【唐】韩愈

天街③小雨润如酥④，草色遥看近却无。

最是⑤一年春好处⑥，绝胜⑦烟柳满皇都⑧。

【作者简介】见本书《春雪》。

【注释】①呈：恭敬地送给。②水部张十八员外：指张籍（jí），唐代诗人。曾任水部员外郎。③天街：京城街道。④酥

（sū）：酥油。这里形容春雨的滋润。⑤最是：正是。⑥处：时。⑦绝胜：远远超过。⑧皇都：长安城（唐朝京都）。

【意译】京城大道上空丝雨纷纷，它像酥油一样细密而滋润；远望草色似乎连成了一片，近看时却显得稀少而零零星星。这是一年中最美的季节，远远胜过京城里尽是杨柳的春末。

【赏析】本诗通过细致入微的观察，描写了长安初春小雨的优美景色，写景清丽，表达了对春天来临时生机蓬勃景象的敏感，以及由此而引发的喜悦之情，以引逗好友走出家门，去感受早春的信息。

【拓展】初春时节，你也叫上三五好友去感受雨润万物，草换新装的景象吧。细心地感受春天，再和好友说一说你的所见所闻所感。

游园不值①

【宋】叶绍翁

应怜②屐齿③印苍苔④，小扣⑤柴扉⑥久不开。

春色满园关不住，一枝红杏出墙来。

【作者简介】见本书《夜书所见》。

【注释】①游园不值：我去游园，园子主人却不在，未能入园。古时游园，是游私园，和后来公园不同。这里是说没有进园游玩。②应怜：应该爱惜。③屐（jī）齿：木屐，古代一种木质的

鞋，鞋底有横木齿，底的锯齿可以防滑。④苍苔：青色的苔藓。⑤小扣：轻轻地敲。⑥柴扉：用树枝编成的园门。

【意译】大概是院子的主人爱惜青苔，怕我的木底鞋在上面留下脚印吧，轻轻地敲响柴门，好久也没人来开门。那满园子美丽的春色是关不住的，一枝盛开的红杏伸到墙外来了。

【赏析】这首诗写的是诗人春日游园所见所感。先写诗人游园看花而进不了园门，感情上是从有所期待到失望遗憾；后看到一枝红杏伸出墙外，进而领略到园中的盎然春意，感情又由失望到意外之惊喜，写得十分曲折而有层次。尤其第三、四两句，既渲染了浓郁的春色，又揭示了深刻的哲理。

【拓展】努力争取终会有所收获。你有过由失望到惊喜的经历吗？说给大家听听。

清平乐①

【宋】黄庭坚

春归何处？寂寞②无行路③。若有人知春去处，唤取④归来同住。春无踪迹谁知⑤？除非问取⑥黄鹂⑦。百啭⑧无人能解⑨，因风⑩飞过蔷薇⑪。

【作者简介】黄庭坚，字鲁直，号山谷道人，又号涪（fú）翁，洪州分宁（今江西修水）人。是江西诗派的开山祖师，生前与

苏轼齐名,世称"苏黄"。擅文章、诗词,尤工书法。有《山谷集》附词一卷。

【注释】①清平乐,词牌名,又名清平乐令、醉东风、忆萝月,为宋词常用词牌。②寂寞:清静,寂静。无行路:没有留下行踪。③行路,指春天来去的踪迹。④唤取:换来。⑤谁知:有谁知道春的踪迹。⑥问取:呼唤,询问。取,语助词。⑦黄鹂(lí):又叫黄莺、黄鸟。身体黄色,自眼部至头后部黑色,嘴淡红色,啼声非常悦耳,食林中害虫,益鸟。⑧百啭(zhuàn):形容黄鹂宛转的鸣声。啭,鸟鸣。⑨解:懂得,理解。⑩因风:顺着风势。⑪蔷薇(qiáng wēi):花木名。品类甚多,花色不一,有单瓣重瓣,开时连春接夏,有芳香,果实入药。

【意译】春天回到了哪里?找不到它的脚印,四处一片沉寂,如果有人知道春天的消息,喊他回来同我们住在一起。谁也不知道春天的踪迹,要想知道,只有问一问黄鹂。那黄鹂千百遍地宛转啼叫,又有谁能懂得它的意思?看吧,黄鹂鸟顺着风势,飞过了盛开的蔷薇。

【赏析】这首词表现作者惜春的心情。上片惜春在不知不觉中过去;下片惜春之无踪影可以追寻。用笔委婉曲折,层层加深惜春之情。直至最后,仍不一语道破,结语轻柔,余音袅袅,言虽尽而意未尽。作者以拟人的手法创造出优美的意境,构思巧妙,设想新奇。与一般惜春词不同,这首词不以景物描写为主,而以浪漫主义的手法,专写寻春过程和心情,表达对春天的爱恋,全词深沉含蓄,情趣盎(àng)然。

【拓展】从家里或学校出发,去找寻春天的足迹,感受身边事物悄然无声的变化。

舟过安仁①

【宋】杨万里

一叶渔舟两小童,收篙②停棹③坐船中。

怪生④无雨都张伞,不是遮头是使风⑤。

【作者简介】见本书《小池》。

【注释】①安仁:县名,在湖南省东南部,宋朝时设县。②篙:撑船用的竹竿或木杆。③棹:船桨。④怪生:怪不得。⑤使风:诗中指两个小孩用伞当帆,让风来帮忙,促使渔船向前行驶。使:使用,利用。

【意译】一只渔船上,有两个小孩子,他们收起竹竿,停下了船桨,坐在船中。怪不得没下雨他们就张开了伞,原来他们不是为了遮雨,而是想利用伞当帆让船前进啊。

【赏析】杨万里写田园诗,非常善于利用儿童稚态起到点化诗境的效果。这首诗直接把目光聚焦到儿童身上,浅白如话,充满情趣,展示了无忧无虑的两个小渔童的充满童稚的行为,透出了只有儿童才有的奇思妙想与聪明。诗人对两个小童子玩耍中透出的聪明伶俐赞赏有加。当然,从中也可以看出他童心不泯,表达了他对天真、可爱的孩子的喜爱之情。

【拓展】多么天真可爱的两个小渔童,他们的奇思妙想、聪明

伶俐一定勾起了你对童年美好生活的回忆，请向小伙伴分享你的童年趣事。

天净沙① 秋

【元】白朴

孤村落日残霞②，轻烟③老树寒鸦④，一点飞鸿影下⑤。

青山绿水，白草红叶⑥黄花⑦。

【作者简介】白朴，原名恒，字仁甫，又字太素，号兰谷。他是元代著名的文学家、曲作家、杂剧家，与关汉卿、马致远、郑光祖合称为"元曲四大家"。

【注释】①天净沙：曲牌名。②残霞：快消散的晚霞。③轻烟：轻淡的烟雾。④寒鸦：天寒即将归林的乌鸦。⑤飞鸿影下：雁影掠过。飞鸿：天空中飞行着的鸿雁。⑥红叶：枫叶。⑦黄花：菊花。

【意译】太阳渐渐西下，天边的晚霞也逐渐开始消散，只残留了几分黯淡的色彩，映照着远处安静孤寂的村庄。轻烟淡淡飘向空中，几只乌鸦栖息在佝偻的老树上，远处一只大雁飞掠而下，投射下长长的影子映在地面上。随着它的身影望去，远方是一片青翠的山和碧绿的水，还有那远远近近点缀的白色的小草、火红的枫叶、金黄的菊花。

【赏析】这首小令，诗人撷取了十二种景物，用五句二十八个字，描绘出一幅从萧瑟、寂寥到明朗、清丽的秋景图。小令前三句着力渲染出一派深秋凄凉之景：黄昏时，如血的残霞映照着一座孤零零的小村庄，夕阳下炊烟袅袅，几只归巢的寒鸦，静静地站立在老树枝头，忽然，一只哀鸣的孤鸿，在天边晚霞影里远远地飞翔。而后两句，作者却将笔锋一转，写到青山静静、绿水悠悠，白草绵绵、红叶片片、黄花朵朵。在暮色中，这些明丽的色彩，为这肃杀的气氛平添了许多生机活力，一扫前人一悲到底的俗套，写出了诗人由冷寂惆怅之感到开朗希望的情怀。可与被誉为"秋思之祖"的马致远的《天净沙·秋思》媲美。

【拓展】请你仔细观察秋天，试着学习诗人的写法，撷取最有代表性的景物，写出秋天的美，表达你对秋天的感受。

绝 句

【宋】僧志南

古木阴中系短篷①，杖藜②扶我过桥东。

沾衣欲湿杏花雨③，吹面不寒杨柳风④。

【作者简介】僧志南，南宋诗人，出家后法号"志南"，因而称作"僧志南"。出生年月不详，生活经历不详。但就因这短短的一首诗，把自己的名字载入了宋代诗史。

【注释】①短篷：带篷的小船。②杖藜（lí）：用藜做的拐杖。藜，植物名。③杏花雨：清明前后杏花盛开时节的雨。④杨柳风：古人把清明节尾期柳花开放时吹来的风称为柳花风，或称杨柳风。在这里引申为春风。

【意译】在参天古树的浓荫下，我系了小船，挂着藜杖，慢慢走过，向东而去。阳春三月，杏花开放，绵绵细雨像故意要沾湿我的衣裳似的，下个不停。轻轻吹拂人面、带着杨柳清新气息的暖风，令人陶醉。

【赏析】这首绝美的小诗，写诗人在微风细雨中拄杖春游的乐趣。诗的上两句主要写春游经过，于春游兴致中初步透露出春光的美好。后两句进行了具体描述。眼前是杏花盛开，细雨绵绵，杨柳婀娜，微风拂面。诗人不从正面写花草树木，而是把春雨、春风与杏花、杨柳结合，展示神态，重点放在"欲湿""不寒"上。"欲湿"，表现了蒙蒙细雨似有若无的情景，又暗表细雨滋润了杏花，花显得更加娇妍红晕。"不寒"二字，点出季节，说春风扑面，带有丝丝暖意，连缀下面春风吹动细长柳条的轻盈多姿场面，越发表现出春的宜人。这样表达，使整个画面色彩缤纷，充满着蓬勃生气。诗人扶杖东行，一路红杏灼灼，绿柳翩翩，细雨沾衣，似湿而不见湿，和风迎面吹来，不觉有一丝寒意，这真是一次满心惬意的春日远足。这首诗表达了诗人对生活的热爱，也为读者展现出春天无限美好的世界。

【拓展】和父母朋友一起走进大自然，来一次满心惬意的春日远足，并把你看到的美好的春天景色，用图画或小诗等展现出来。

题都①城南庄

【唐】崔护

去年今日此门中，人面②桃花相映红。

人面不知③何处去，桃花依旧笑④春风。

【作者简介】崔护，字殷功，唐代博陵人。其诗风精练婉丽，语极清新。《全唐诗》存诗六首，皆是佳作，尤以《题都城南庄》流传最广。

【注释】①都：国都，指唐朝京城长安。②人面：指姑娘的脸。第三句中"人面"指代姑娘。③不知：一作"秖（zhǐ）今"。去：一作"在"。④笑：形容桃花盛开的样子。

【意译】去年冬天，就在这扇门里，姑娘的脸庞，与鲜艳的桃花相映。今日再来此地，姑娘不知去向何处，只有桃花依旧，含笑怒放在春风之中。

【赏析】整首诗其实就是用"人面""桃花"作为贯串线索，通过"去年"和"今日"同时同地同景而"人不同"的映照对比，把诗人因这两次不同的遇合而产生的感慨，回环往复、曲折尽致地表达了出来。

【拓展】春天到了，桃花露出笑脸迎接春姑娘的到来。同学们，和爸爸妈妈、小伙伴到公园或郊外去走走吧，观察桃花含苞待

放、傲然绽放的模样，拍一张与桃花的留影，写一写你眼中不一样的桃花吧。

浣溪沙①

【宋】晏殊

一曲新词酒一杯②，去年天气旧亭台③。夕阳西下几时回④？

无可奈何花落去⑤，似曾相识燕归来⑥。小园香径独徘徊⑦。

【作者简介】晏殊，字同叔，抚州临川人。北宋著名文学家、政治家。以词著于文坛，尤擅小令，风格含蓄婉丽，与其子晏几道，被称为"大晏"和"小晏"，又与欧阳修并称"晏欧"。

【注释】①浣溪沙：唐玄宗时教坊曲名，后用为词调。②一曲新词酒一杯：此句化用白居易《长安道》"花枝缺入青楼开，艳歌一曲酒一杯"。一曲，一首。因为词是配合音乐唱的，故称"曲"。新词，刚填好的词，意指新歌。酒一杯，一杯酒。③去年天气旧亭台：是说天气、亭台都和去年一样。去年天气，跟去年此日相同的天气。旧亭台，曾经到过的或熟悉的亭台楼阁。旧，旧时。④夕阳：落日。西下：向西方地平线落下。几时回：什么时候回来。⑤无可奈何：不得已，没有办法。⑥似曾相识：好像曾经认识。形容见过的事物再度出现。后用作成语，即出自晏殊此句。燕归来：燕子从南方飞回来。燕归来，春中常景，在有意无意之间。

⑦小园香径：花草芳香的小径，或指落花散香的小径。因落花满径，幽香四溢，故云香径。独：副词，用于谓语前，表示"独自"的意思。徘徊：来回走。

【意译】填一曲新词品尝一杯美酒，时令、气候、亭台池榭依旧，西下的夕阳几时才能回转？无可奈何中百花又残落，似曾相识的春燕又归来，独自在花香小径里徘徊。

【赏析】本词是宋代词人晏殊的代表作。这首词虽含伤春惜时之意，却实为感慨抒怀之作，感伤年华的飞逝。全词清丽自然，意蕴深沉，耐人寻味。其中"无可奈何花落去，似曾相识燕归来"两句历来为人称道。

【拓展】夕阳西下，落花流水，燕子归来，无不让人感叹时光匆匆易逝，一去不复返。你读过哪些惜时的诗词，把它们找出来重温一下吧，最好写在自己的摘抄本上，会令你更加珍惜时间。

如梦令

【宋】李清照

昨夜雨疏风骤①，浓睡不消残酒②。试问卷帘人③，却道海棠依旧。知否？知否？应是绿肥红瘦④。

【作者简介】李清照，号易安居士，山东省济南章丘人。她是婉约词派代表，有"千古第一才女"之称。所作词，前期多写其悠

闲生活，后期多悲叹身世，情调感伤。形式上善用白描手法，自辟途径，语言清丽。

【注释】①雨疏风骤：雨点稀疏，晚风急猛。疏：指稀疏。②浓睡不消残酒：虽然睡了一夜，仍有余醉未消。浓睡：酣睡。残酒：尚未消散的醉意。③卷帘人：有学者认为这里指侍女。④绿肥红瘦：绿叶繁茂，红花凋零。

【意译】昨天夜里雨点虽然稀疏，但是风却劲吹不停，我酣睡一夜，然而醒来之后依然觉得还有一点酒意没有消尽。于是就问正在卷帘的侍女，外面的情况如何，她只对我说："海棠花依旧如故。"知道吗？知道吗？应是绿叶繁茂，红花凋零。

【赏析】这首小令充分体现出作者对大自然的热爱。春夜里大自然经历了一场风吹雨打，词人预感到庭园中的花木必然是绿叶繁茂，花事凋零了。"绿肥红瘦"一句，形象地反映出作者对春天将逝的惋惜之情。

【拓展】"红瘦"表明春天将逝，"绿肥"暗示夏天来临。假如你就是词人李清照，能用现代文写一写当时的情景吗？也可以改写成课本剧，和同学一起表演。

月 夜

【唐】刘方平

更深月①色半人家②,北斗③阑干④南斗⑤斜。

今夜偏知⑥春气暖,虫声新透⑦绿窗纱。

【作者简介】刘方平,河南洛阳人,唐天宝年间诗人。其诗多咏物写景之作,尤擅绝句,善于寓情于景。其《月夜》《春怨》《采莲曲》等都是历来为人传诵的名作。

【注释】①更深:古时计算时间,一夜分成五更。更深,夜深了。②月色半人家:月光只照亮了人家房屋的一半,另一半隐藏在黑暗里。③北斗:在北方天空排列成斗形的七颗亮星。④阑干:这里指横斜的样子。⑤南斗:有六颗星。在北斗星以南,形似斗,故称"南斗"。⑥偏知:才知,表示出乎意料。⑦新:初。新透:第一次透过。

【意译】夜色深沉,月光斜照半边庭院。北斗南斗,不知不觉已经横斜。今夜十分意外,感觉初春暖意,一声清脆的虫鸣透入绿色窗纱。

【赏析】这首七言绝句记叙了作者对初春月夜气候转暖的独特感受。诗的前两句写景,记叙星月西斜,夜深人静。诗的后两句记所闻、所感,因虫声透过窗纱传来,感到已到春暖时节。诗中描绘

了一种优美宁静而富有生机的境界。

【拓展】诗中描述了冬眠后小虫的叫声,第一次透过绿色纱窗传到屋内,让人感受到春回大地、万物复苏的生机。你从哪里发现了春的讯息,写一首小诗描绘一下吧!

题①西林②壁

【宋】苏轼

横看③成岭侧④成峰,远近高低⑤各不同。

不识⑥庐山真面目⑦,只缘⑧身在此山⑨中。

【作者简介】见本书《饮湖上初晴后雨》。

【注释】①题:书写,题写。②西林:西林寺,在江西庐山。诗人游庐山时,把这首诗题写在西林寺的墙壁上。③横看:正面看,从左到右或从右到左地看。④侧:从侧面看。⑤远近高低:指从远处、近处、高处、低处不同的角度看。⑥不识:认不清。⑦真面目:指庐山真实的景色、样子。⑧缘:因为。⑨此山:这座山,指庐山。

【意译】从正面看庐山山岭连绵起伏,从侧面看庐山山峰高高耸立,从远处、近处、高处、低处看庐山,庐山展现出各种不同的样子。人们之所以认不清庐山本来的面目,是因为自身处在庐山之中。

【赏析】《题西林壁》描写庐山变化多姿的面貌,并借景说理,指出观察问题应客观全面,如果主观片面就得不出正确的结论。开头两句实写游山所见。庐山丘壑纵横,峰峦起伏,游人所处的位置不同,看到的景物也各不相同。后两句即景说理。身在庐山之中,看到的只是庐山的一峰一岭一丘一壑,必然带有片面性。由此启迪我们为人处事的一个哲理——由于人们所处的地位不同,看问题的出发点不同,对客观事物的认识难免有一定的片面性。要认识事物的真相与全貌,必须超越狭小的范围,摆脱主观成见。

【拓展】你观察过家乡四季景色的变化吗?各有什么奇特之处?请你说一说,写一写。

赠刘景文①

【宋】苏轼

荷尽②已无擎③雨盖④,菊残⑤犹⑥有傲霜⑦枝。

一年好景君⑧须记,正是橙黄橘绿时⑨。

【作者简介】见本书《饮湖上初晴后雨》。

【注释】①刘景文:苏轼在杭州任知州时的好友。②荷尽:荷花枯萎(wěi)。③擎:举,向上托。④雨盖:雨伞旧称,诗中指荷叶。⑤菊残:凋谢的菊花。⑥犹:仍然。⑦傲霜:不怕霜冻,坚强不屈。⑧君:你,指刘景文。⑨橙黄橘绿时:指农历秋末冬初。

【意译】荷花凋谢连那像雨伞似的荷叶也枯萎了，那开败了菊花的花枝还在寒霜中显得很有活力。别以为一年的好景色已快没有了，请你记住，最美的景色就是橙子金黄、橘子青绿的秋末冬初的时候。

【赏析】这首诗是元祐五年（1090年）苏轼送给好友刘景文的勉励诗。前半首说"荷尽菊残"仍要保持傲雪冰霜的气节，后半首通过"橙黄橘绿"来勉励朋友困难只是一时，要乐观向上，切莫意志消沉。这首诗抒发作者的广阔胸襟，对同处窘境中的友人劝勉和支持，托物言志，意境高远。

【拓展】你的家乡宜都盛产什么水果？你仔细观察过秋天水果成熟时的情景吗？你参与过家乡采摘的活动吗？请你说一说，写一写。

天竺寺八月十五日夜桂子

【唐】皮日休

玉颗①珊珊②下月轮，殿前拾得露华新③。

至今不会天中事，应是嫦娥掷与人。

【作者简介】皮日休，字袭美，一字逸少，居鹿门山，自号鹿门子，又号闲气布衣、醉吟先生，襄阳竟陵（今属湖北天门）人。为晚唐著名诗人、散文家，与陆龟蒙并称"皮陆"。

【注释】①玉颗：此处指桂花花瓣。②珊珊：花瓣飘落时的样子。③露华新：形容花瓣上面刚凝结起来的露水。

【意译】零落的桂花瓣，如同一颗颗玉珠从月亮里面撒落下来。我走到大殿前捡起它们，发现花瓣上边还有星星点点刚刚凝结起来的露水。到现在，我还不知道天上到底发生了什么事。这些桂花和桂花上的雨露，应该是广寒宫里的嫦娥撒落下来送给我们的吧！

【赏析】这首诗写于诗人意气风发之时，运用比喻、联想手法，咏物现实，空灵含蕴。首句描述桂花像是从月上掉下来似的，奠定了轻松的基调。第二句表现诗人享受中秋之夜景色的愉悦。第三句通过传说透露出对桂花的怜惜，展现对美好事物的向往。末句通过丰富的联想，烘托出诗人旷达的心境。

【拓展】俗话说：八月桂花香。每到秋天，桂花盛开，香气扑鼻，格外吸引人。你能把这种美景描写出来吗？

牧 童

【唐】吕岩

草铺横野①六七里，笛弄②晚风四五声。

归来饱饭黄昏后，不脱蓑衣③卧月明。

【作者简介】吕岩，字洞宾，唐代京兆人。咸通举进士，曾两为县令。携家人终南山学道，不知所终。

【注释】①横野：宽阔的原野。②弄：逗弄。③蓑衣：棕或草编的外衣，用来遮风挡雨。

【意译】原野宽广，绿草如茵，笛声在晚风中回荡。黄昏时分，牧童回家吃饱晚饭，连蓑衣也不脱，就躺在月光下睡觉了。

【赏析】这首诗展示了一幅鲜活的牧童晚归休憩图：原野、绿草、笛声、牧童、蓑衣和明月。诗中有景、有情，有人物、有声音，这生动的一幕，是由远及近出现在诗人的视野里的；写出了农家田园生活的恬静，也体现了牧童放牧生活的辛劳，是一首赞美劳动的短曲。草场、笛声、月夜、牧童，像一幅恬淡的水墨画，使读者的心灵感到安宁。

【拓展】垂钓、春游、采野果、摘野菜……请你在家长的陪伴下选择参与其中一项活动，体验与自然和谐相处的乐趣。

观沧海

【汉】曹操

东临①碣石②，以观沧③海④。水何⑤澹澹⑥，山岛竦峙⑦。

树木丛生，百草丰茂。秋风萧瑟⑧，洪波⑨涌起。

日月⑩之行，若⑪出其中。星汉⑫灿烂，若出其里。

幸⑬甚⑭至⑮哉，歌以咏志⑯。

【作者简介】曹操（155~220年），本名吉利，字孟德，小名阿瞒。东汉末年杰出的政治家、军事家、文学家、书法家。他喜欢用诗歌、散文来抒发自己的政治抱负，反映民生疾苦，是魏晋文学的代表人物，鲁迅赞之为"改造文章的祖师"。

【注释】①临：登上，有游览的意思。②碣（jié）石：山名。碣石山，河北昌黎碣石山。公元207年秋天，曹操征乌桓得胜回师时经过此地。③沧：通"苍"，青绿色。④海：渤海。⑤何：多么。⑥澹澹（dàn）：水波摇动的样子。⑦竦峙（sǒngzhì）：高高地挺立。竦，高起。峙，挺立。⑧萧瑟（xiāosè）：树木被秋风吹动的声音。⑨洪波：汹涌澎湃的波浪。⑩日月：太阳和月亮。⑪若：如同，好像是。⑫星汉：银河，天河。⑬幸：庆幸。⑭甚：非常。⑮至：极点。⑯幸甚至哉，歌以咏志：太值得庆幸了！就用诗歌来表达心志吧。乐府歌结束用语，不影响全诗内容与感情。

【意译】东行登上碣石山，来观赏那苍茫的海。海水多么宽阔浩荡，山岛高高地挺立在海边。树木和百草丛生，十分繁茂。秋风吹动树木发出悲凉的声音，海浪汹涌澎湃。太阳和月亮的运行，好像是从这浩瀚的海洋中发出的。银河星光灿烂，好像是从这浩瀚的海洋中产生出来的。太值得庆幸了！就用诗歌来表达心志吧。

【赏析】建安十二年（公元207年），曹操北征乌桓得胜回师途中，行军到海边，途经碣石山，登山观海，一时兴起所作。诗人用饱蘸浪漫主义激情的文笔，勾勒出大海吞吐日月、包蕴万千的壮丽景象，描绘了祖国河山的雄伟壮丽，既刻画了高山大海的壮阔，更表达了诗人以景托志，胸怀天下的进取精神。

【拓展】你见过大海吗？有机会一定感受一番，看看海的白天与夜晚各自有怎样的魅力。

丰乐亭①游春

【宋】欧阳修

红树②青山日欲斜,长郊③草色绿无涯④。

游人不管春将老⑤,来往亭前踏落花。

【作者简介】欧阳修,字永叔,号醉翁,号六一居士,汉族,吉州永丰(今江西省吉安市永丰县)人。北宋政治家、文学家。与韩愈、柳宗元、苏轼、苏洵、苏辙、王安石、曾巩合称"唐宋八大家",并与韩愈、柳宗元、苏轼被后人合称"千古文章四大家"。

【注释】①丰乐亭:在滁州(在今安徽滁县)西南丰山北麓(lù),琅琊(lángyá)山幽谷泉上。此亭为欧阳修任知州时所建。他写了一篇《丰乐亭记》,记叙了亭附近的自然风光和建亭的经过,由苏轼书后刻石。美景、美文、美书三美兼具,使此地从此成为著名的游览胜地。②红树:开红花的树,或落日反照的树,指秋天的红叶。③长郊:广阔的郊野。④无涯:无边际。⑤春将老:春天将要过去。

【意译】青山红树,白日西沉,萋萋碧草,一望无际。游春的人们兴趣正浓,哪管春天将去,来往于丰乐亭前,踩踏着满地落花欣赏这暮春的美景。

【赏析】丰乐亭周围景色四时皆美,但这组诗则撷(xié)取四

时景色中最典型的春景加以描绘。本诗前两句写景，后两句抒情。写景，鲜艳斑斓，多姿多彩；抒情，明朗活泼，而又含意深厚。

【拓展】你一定也有为了感受春光和家人一起去春游的时候，尝试把美好的情景写下来。

山 雨

【宋】翁卷

一夜满林星月白①，亦无云气②亦无雷。

平明③忽见溪流急，知是他山④落雨来。

【作者简介】见本书《乡村四月》。

【注释】①星月白：指星星与月亮的光照得很亮。②云气：云雾，雾气。③平明：天刚亮时。④他山：别处的山。

【意译】整个晚上，林子里都洒满了星月的辉光；天上没有一丝云，也没听见有雷震响。天亮时出门，忽然见到溪水流得分外地湍急；因此我知道别的山曾经下过大雨，水宛转流到这里。

【赏析】这首诗构思奇特，具有浓厚的生活情趣，体现了"永嘉四灵"的诗歌特色，即喜欢描写山水形胜，又善于捕捉生活小事，用轻动灵快的笔墨描写出来，惹人喜爱。这首小诗，写夏天山中夜雨，全用虚写，道人所未道，正是四灵诗中的妙作，在趣味上颇类杨万里的绝句。诗的前两句写雨前之景，后两句摹雨后之景。

【拓展】一场大雨过后,小溪、小河、江湖、海洋各会有怎样的变化,你观察过吗?你会怎样来形容呢?请写一写。

闲居初夏午睡起

【宋】杨万里

梅子①流酸溅齿牙,芭蕉分绿②上窗纱。

日长睡起无情③思,闲看儿童捉柳花。

【作者简介】见本书《小池》。

【注释】①梅子:一种味道极酸的果实。②芭蕉分绿:芭蕉的绿色映照在纱窗上。③思:情意,情绪。

【意译】梅子味道很酸,吃过之后,余酸还残留在牙齿之间;芭蕉初长,而绿荫映衬到纱窗上。春去夏来,日长人倦,午睡后起来,情绪无聊,闲着无事观看儿童戏捉空中飘飞的柳絮。

【赏析】这首诗写作者午睡初起,没精打采,而看到追捉柳絮的儿童时童心复萌。首二句点明初夏季节,后二句表明夏日昼长,恬静闲适之意。作者选用梅子、芭蕉、柳花等物象来表现初夏的时令特点。诗人闲居乡村,初夏午睡后,悠闲地看着儿童扑捉戏玩空中飘飞的柳絮,心情舒畅。末句的"闲"字,不仅淋漓尽致地把诗人心中那份童心和对乡村生活喜爱之情表现出来,而且巧妙地呼应了诗题。

【拓展】捕蝴蝶，网知了，捉柳花……这些活动真有趣儿！请你也去参与这些活动，并把自己的感受写下来。

春游湖①

【宋】徐俯

双飞燕子几时回？夹岸②桃花蘸水③开。

春雨断桥④人不度⑤，小舟撑⑥出柳阴来。

【作者简介】徐俯（1075～1141年），洪州分宁（今江西修水县）人，字师川，自号东湖居士。江西派著名诗人之一。著有《东湖集》。

【注释】①湖：指杭州西湖。②夹岸：两岸。③蘸（zhàn）水：贴着水面开放。湖中水满，岸边桃树枝条弯下来碰到水面，桃花好像是蘸着水开放。④断桥：指湖水漫过桥面。⑤度：同"渡"，走过。⑥撑：撑船篙，就是用船篙推船前进。

【意译】一对对燕子，你们什么时候飞回来的？小河两岸的桃树枝条浸在水里，鲜红的桃花已经开放。下了几天雨，河水涨起来淹没了小桥，人不能过河，正在这时候，一叶小舟从柳荫下缓缓驶出。

【赏析】这首诗通过燕子归来、桃花盛开，描绘出春日湖光美景，通过春雨断桥、小舟摆渡来突出湖水上涨的特点。诗以意趣剪

裁景物,根据觅春的心理和游湖的行踪安排构图。

【拓展】春天,桃花绽红,燕子翩飞,让我们走进大自然,用歌声去抒发对春天的热爱吧!

早 梅

【唐】齐己

万木冻欲折,孤根①暖独回②。

前村深雪里,昨夜一枝开。

风递幽香③出,禽窥素艳④来。

明年如应律⑤,先发望春台⑥。

【作者简介】齐己,唐代僧人,著名诗人。俗名胡得生,唐潭州益阳(今湖南宁乡)人。出家后栖居衡岳东林,自号"衡岳沙门"。有《白莲集》,存诗十卷。

【注释】①孤根:单独的根,指梅树之根。孤:突出其独特个性。②暖独回:指阳气开始萌生。③递:传递。幽香:幽细的香气。窥:偷看。④素艳:洁白妍丽,这里指白梅。⑤应律:古代律制分十二律,有"六律""六吕",即黄钟、大吕之类。古时人以十二律推测气候,此处"应律"是按季节的意思。⑥春台:幽美的游览之地。

【意译】万木禁受不住严寒快要摧折,梅树汲取地下暖气生机独回。皑皑的白雪笼罩着山村乡野,昨夜一枝梅花欺雪傲霜绽开。微风吹拂,梅香四溢别有情味,素雅芳洁的姿态令禽鸟惊窥。明年如果梅花还能按时绽放,希望它开在众人爱赏的春台。

【赏析】齐己是乡下贫苦人家的孩子,从小一边放牛一边读书,学习非常刻苦。几年后,能够吟诗作赋,被寺院长老发现,收进寺里做和尚。一年冬天,刚刚下过一场大雪,清晨齐己出去,被眼前的一片雪白吸引住了,突然前方的几只报春的蜡梅花引来了报春鸟围着梅花唱歌,齐己被这景色惊呆了,回寺后,马上写下了《早梅》这首咏物诗。诗人突出了早梅不畏严寒、傲然独立的个性,创造了一种高远的境界,隐匿着自己的影子,含蕴十分丰富。首联以对比的手法,将梅花与"万木"相对照,用万木凋摧反衬梅花"孤根独暖",突出梅花不畏严寒的秉性。"冻欲折"说法略带夸张。颔联以山村野外一片皑皑白雪作为孤梅独放的背景,描摹出一幅奇特的景象。"一枝开"是诗的画龙点睛之笔:梅花开于百花之前是"早";而这一枝又先于众梅,悄然早开,更显出不同寻常。"昨夜"二字,又透露出诗人因突然发现这奇丽景象而产生的惊喜之情。颈联侧重写梅花的姿色和风韵。"递"字说梅花内蕴幽香,随风轻轻四溢;而"窥"字着眼梅花的素艳外貌,形象地描绘了禽鸟发现素雅芳洁的早梅时那种惊奇的神态。尾联语义双关,感慨深沉。这里"望春台"既指京城,又似有"望春"的含义。齐己科举失利,时有怀才不遇的感慨。他不甘于寂寞,而是希望明年应时而发,在望春台上独占鳌头。

【拓展】梅花自古以来被认为是最有气节的花种。在中国文学史上,象征着中华民族不屈不挠、不畏艰难的可贵品质。和同学们

一起学唱一首赞美梅花的歌曲，用动听的歌声来表达对她的喜爱之情。

春 兴①

【唐】武元衡

杨柳阴阴②细雨晴，残花落尽见流莺③。

春风一夜吹乡④梦，又逐春风到洛城⑤。

【作者简介】武元衡，字伯苍，缑（gōu）氏（今河南偃师东南）人，唐代诗人，武则天曾侄孙。《全唐诗》录其诗二卷。《全唐文》录其文十篇。

【注释】①春兴：春游的兴致。②阴阴：形容杨柳幽暗茂盛。③流莺：即莺。流，谓其鸣声婉转。④乡梦：在这里指思乡的梦。⑤洛城：洛阳，诗人家乡缑氏在洛阳附近。

【意译】在一个细雨初晴的春日，杨柳的颜色已经由初春的鹅黄嫩绿变得苍翠浓郁，经过细雨的洗浴后，柳色变得更加深暗，枝头的残花也在雨中全都落尽，露出了在枝头啼鸣的流莺。昨天晚上一夜春风吹起了我的甜蜜的思乡梦，在梦中我追逐着春风飞回了我的家乡。

【赏析】整首诗中，"春"扮演了一个贯串始终的角色。它触

发乡思,引动乡梦,吹送归梦,无所不在。诗人奇妙的想象将强烈的乡思形象化、具体化了。在诗人的意念中,这种随春风而生、逐春风而归的梦,是一种心灵的慰藉和美的享受,末句的"又"字,不但透露出乡思的深切,也流露了诗人对美好梦境的欣喜愉悦。唐代诗人写过许多出色的思乡之作。悠悠乡思,常因特定的情景所触发,又往往进一步发展成为悠悠归梦。武元衡这首《春兴》,就是春景、乡思、归梦三位一体的佳作。这首诗所写的情事本极平常:看到暮春景色,触动了乡思,在一夜春风的吹拂下,做了一个还乡之梦。而诗人却在这平常的生活中提炼出一首美好的诗来,在这里,艺术的想象起了决定性的作用。

【拓展】回忆你和同学春游时的情景,用一段话写一写你眼中的春天。

社 日①

【唐】王驾

鹅湖山②下稻粱肥③,豚栅鸡栖半掩扉④。

桑柘⑤影斜⑥春社散⑦,家家扶得醉人归。

【作者简介】王驾,唐末诗人,字大用,自号守素先生,河中(今山西永济)人。其绝句构思巧妙,自然流畅。《全唐诗》存其

诗六首。

【注释】①社日：古代祭祀土神的日子，分为春社和秋社。在社日到来时，民众集会竞技，进行各种类型的作社表演，并集体欢宴，不但表达他们对减少自然灾害、获得丰收的良好祝愿，同时也借以开展娱乐。②鹅湖山：在今江西省铅山县境内。③稻粱肥：田里庄稼长得很好，丰收在望。粱：古代对粟的优良品种的通称。④"豚栅"句：猪归圈，鸡归巢，家家户户的门还关着，村民们祭社聚宴还没回来。豚栅（tún zhà）：猪圈。鸡栖（qī），鸡舍。扉，门。⑤桑柘（zhè）：桑树和柘树，这两种树的叶子均可用来养蚕。⑥影斜：树影倾斜，太阳偏西。⑦春社散：春社的聚宴已经散了。

【意译】鹅湖山下稻粱肥硕，丰收在望。牲畜圈里猪肥鸡壮，门扉半开。夕阳西沉，桑柘树林映照出长长的阴影。春社结束，家家搀扶着醉倒的人归来。

【赏析】这首诗开始不写"社日"内容，而从村居风光写起，先渲染出节日的气氛。"半掩扉"三字暗示村民都不在家，门都半掩着，可见民风淳厚，丰年富足，同时又暗示村民家家参加社日，巧妙地将诗意向后联过渡。后两句写"社日"正题，没有从作社表演的热闹场面着笔，却写社散后，人声渐少，到处都可以看到喝得醉醺醺的村民，被家人邻里搀扶着回家。读者通过这个尾声，自然联想到作社、观社的全过程。"醉人"使人想象村民观社兴高采烈，畅怀大饮的情景，而这种欣喜之情又是与丰收分不开的。这首诗不写正面写侧面，通过富有典型意义和形象暗示作用的生活细节表现社日景象，笔墨极省，反映的内容却极为丰富。这种含蓄的表

现手法,与绝句短小体裁极为适应,使人读后回味深长。

【拓展】利用假期,在家长的陪伴下积极参加乡村生活实践,感受不一样的田园生活。

雨 晴

【唐】王驾

雨前初见花间蕊①,雨后全无叶底②花。

蜂蝶纷纷③过墙去,却疑④春色⑤在邻家。

【作者简介】见本书《社日》。

【注释】①蕊(ruǐ):花朵开放后中间露出的柱头花丝等,分雌蕊、雄蕊。②叶底:绿叶中间。底,底部。③纷纷:接连不断。④疑:怀疑。⑤春色:春天的景色。

【意译】雨前初次见到新开花朵的花蕊,雨后连叶子底下也不见一朵花。蜜蜂和蝴蝶纷纷地飞过墙去,让人怀疑迷人的春色尽在邻家。

【赏析】这首即兴诗写雨后漫步花园所见的衰败景象。诗中摄取的景物很简单,也很平常,但平中见奇,饶有诗趣。"却疑春色在邻家"可谓神来之笔,语境奇峰突起,而又浑然天成,令人顿时耳目一新。这一句是全篇精髓,起了点铁成金、化腐朽为神奇的作

用,经它点化,小园、蜂蝶、春色,一齐焕发出异样神采,妙趣横生。古人谓"诗贵活句"(吴乔《围炉诗话》),就是指这种最能表达诗人独特感受的新鲜生动的诗句。这首七言绝句,精巧地选择雨晴后的景物,来进行生动的描绘,表达了作者的惜春之情。

【拓展】参观花展,细致观察,发挥丰富的想象,创编一首儿童诗,表达对大自然的热爱之情。